KB253900

사막의 영성

현대 사회에서 하나님께 나아가는 마음의 길을 발견하는 법

20주년기념 개정선물판

헨리 나웬
HENRI J. M. NOUWEN
사막의 영성
DESERT SPIRITUALITY AND CONTEMPORARY MINISTRY

신현복 옮김

아침영성지도연구원

Desert Spirituality
and Contemporary Ministry

by Henri J. M. Nouwen

Published by HarperCollins Publishers

All Rights Reserved.

Korean Translation Copyright © 2002

by *Achim Institute for Spiritual Direction*

추천의 말

헨리 나웬, 이분은 내 마음의 고향입니다. 각박한 도시 한복판에서 곤하여 쓰러지려 할 때, 언제든 훌쩍 떠나 새 생명의 기운을 맛보고 돌아올 수 있는 영혼의 고향, 헨리 나웬은 나에게 바로 이런 고향과도 같은 분입니다.

사실, 헨리 나웬과의 극적인 만남은 미국 유학시설에 이루어졌습니다. 치유상담을 공부하던 중, 진정한 신앙생활을 가능케 하는 결정적인 무엇인가가 늘 부족해서 영적인 허기를 느끼고 있을 때였습니다. 상담 방법이야 책을 통하여 배울 수도 있다지만, 기갈이 든 신앙은 어찌 달래

볼 도리가 없었습니다.

그러다가 어느 날 도서관에서 만난 한 위대한 영성신학 자를 통하여 제 삶에 놀라운 변화가 일기 시작했습니다. 그분이 바로 헨리 나웬이었습니다.

도서관에서 처음 헨리 나웬의 책을 대했을 때 내 가슴 은 심하게 뛰었습니다. 그의 책에서는 지식이 아니라, 생 명의 언어가 펄펄 살아 움직이고 있었기 때문입니다. '도 대체 어떤 사람이기에 이런 책을 쓸 수 있는 걸까!'

나는 이 책의 저자를 꼭 한번 만나보고 싶었습니다. 그 래서 하버드로, 예일로 부지런히 찾아다녔습니다. 노틀담 대학에도 가보았습니다. 하지만 그의 소식을 아는 사람은 아무도 없었습니다.

만일 그 때 내가 기필코 그를 찾으려고 했다 해도 만날 수가 없었을 것입니다. 그는 온 세계에서 자신을 찾아오는 방문객들을 일절 만나주지 않았기 때문입니다.

결국 그를 만나지 못한 채 나는 고국으로 돌아오고 말 았습니다. 하지만 그는 항상 내 마음 속 스승으로 남아 있었습니다.

그런데 1990년, 시카고의 맥코믹 신학대학원에 교환교수로 가 있을 때, 그가 캐나다 토론토 북쪽 데이브레이크에서 공동체 생활을 하며 살고 있다는 소식을 들었습니다. 나는 다시 그를 찾아나섰습니다.

당장에 토론토로 날아가서 그에게 전화로 만나줄 것을 요청했습니다. 하지만 그는 정중히 내 요청을 거절했습니다.

나는 간절한 목소리로 "당신은 나의 영적인 스승이며, 한국에서 당신의 사상을 강의하고 있습니다. 내 학생들에게 좀더 진지한 강의를 하기 위해서라도 당신을 꼭 만나보고 싶습니다"라고 말했습니다.

내 정성이 통했는지, 그가 "내일 오후 5시까지 데이브레이크로 올 수 있겠느냐?"고 내게 물었습니다. 그 때가 마침 기도하는 시간이기 때문에 30분 정도 시간을 낼 수 있겠다는 것이었습니다.

이튿날 나는 한달음에 데이브레이크로 달려갔습니다.

추천의 말

건장한 체구의 헨리 나웬이 문앞까지 나와 반갑게 맞아주었습니다. 어린아이같이 순진한 표정으로 맞아주는 그를 보면서 나는 도저히 그가 67세라고 믿어지지 않았습니다. 그만큼 그는 젊고 활기차 보였습니다.

정각 5시, 우리는 그의 서재로 들어갔고, 시간 가는 줄 모르고 이런저런 대화를 나누었습니다. 함께 울기도 하고 웃기도 했습니다. 둘 다 서로의 이야기에 푹 빠져 버린 것입니다. 대화는 이런 식으로 끝없이 이어졌습니다.

우리의 대화는 방문을 두드리는 직원의 노크소리가 날 때까지 계속 이어졌습니다. 내가 그의 서재를 나선 시간에 데이브레이크는 이미 캄캄한 어둠에 싸여 있었습니다. 시간을 확인하니 무려 네 시간이나 훌쩍 지나 있었습니다.

인사를 하고 급히 나오는데, 헨리 나웬이 붙잡더니 16권이나 되는 자신의 저서를 내게 억지로 안겨주는 것입니다.

그런 그에게 눈물로 작별을 고하면서 나는 마음속으로 한 가지 다짐을 했습니다. '나도 언젠가는 당신처럼 상처받은 이웃을 위해 살겠습니다'라고.

아무쪼록 이렇게 나의 영성 순례에 소중한 안테나 역할을 했던 헨리 나웬의 귀한 책이 또다시 몇몇 뜻있는 분들에 의해 이렇게 한국에 소개되는 것을 매우 기쁘게 생각합니다.

그분의 책들은 대부분 짧으면서 긴 여운을 남기고 있습니다. 급한 마음에 책장을 넘기다 보면 아무 것도 발견하지 못할 수도 있습니다.

지식을 채우려는 급한 마음일랑 이제 다 접어두시고, 한 자 한 자 헨리 나웬의 영혼의 숨소리를 느끼시며 따라 읽으십시오.

그러면 어느 순간 치유와 돌봄이 있는 희망의 소리를 이 책을 지은 헨리 나웬으로부터, 여러분의 고독한 내면으로부터, 아니 하늘로부터 듣게 될 것입니다.

부디 이 책 〈사막의 영성〉을 통해서도 우리 모두가 사랑하는 헨리 나웬의 영성이 독자 여러분의 것으로 승화될 수 있기를 빕니다.

그래서 오랜 영적 갈증이 해갈되고, 내면 세계의 아픔

추천의 말

과 상처가 치유되며, 이 민족 모든 그리스도인의 영성 생활이 더욱 더 맑고 깊어지기를 간절히 기원합니다.

정태기 박사
(한신대 교수, 크리스찬치유상담연구원장)

감사의 말

이 책은 예일대학교 신학대학원에서 열렸던 사막의 영성 세미나에서 그 실마리를 얻은 것입니다. 그것은 내가 그 동안 참여했던 가장 고무적인 세미나 가운데 하나였지요.

세미나에는 열한 명의 남성과 다섯 명의 여성이 있었습니다. 우리는 매우 다양한 신앙 전통들, 곧 유니테리안교, 그리스도의 제자들교회, 침례교, 장로교, 네덜란드 개혁교회, 크리스천 개혁교회, 영국 성공회, 로마 가톨릭교회, 그리스 정교회를 대표하였습니다. 연령적으로는 20대 초

반에서부터 40대 후반까지, 그리고 지리적으로는 미국에
서부터 아일랜드, 네덜란드, 오스트레일리아에 이르기까지
광범위한 배경을 지니고 있었습니다.

  우리는 4세기 사막의 영성 지도자들이 21세기 예수 그
리스도의 목회자나 사역자가 되고 싶어하는 남녀 그리스도
인들에게 과연 말해 주고자 하는 게 무엇인지를 함께 찾아
보려고 노력하였습니다. 우리는 사막의 이야기들에 관하여
이런저런 생각과 체험들을 서로 나누었습니다. 그러는 가
운데 우리는 다양한 역사적·신학적·심리적 차이에도 불
구하고, 점점 우리를 하나되게 하는 "마음의 길"을 발견하
게 되었습니다.

  바로 이런 발견이 있었기에 나는 용기를 내어 달라스에
있는 퍼킨스신학대학과 덴버에서 개최된 전국목회상담자대
회에서 주제 강연을 할 수 있었습니다. 나는 이 때 많은
호응을 받았습니다. 지금 생각해도 무척이나 감사한 일이
지요.

  특별히 감사의 말을 전하고 싶은 분들이 있습니다. 버
지니아 요헤와 캐롤 플랜틴자는 비서로서 도움을 주었습니
다. 스티븐 리히, 필 찌더, 프레드 브라트만, 로버트 무어

사막의 영성

는 편집상 논평을 해주었습니다. 존 유즈 뱀버거의 격려도 큰 힘이 되었습니다. 짐 앤틀은 표지에 사용할 수 있도록 아름다운 사진을 제공해 주었습니다.

세미나에 참여했던 사람들 모두에게도 깊은 감사를 드리고 싶습니다. 곧 조지 애너토스, 킴 브라운, 콜먼 쿠크, 수잔 가이슬러, 프랭크 제리, 크리스틴 쾌츠벨트, 요세프 뉘네쯔, 로버트 패런튜, 도널드 포스테마, 캐씨 스톡톤, 매저리 톰프슨, 스티븐 치히리스, 조수아 우튼, 미히 쩨만 등. 사막으로부터 나온 이런저런 말들에 대하여 그들이 귀중하고 다양한 반응들을 많이 보여 주었습니다. 그런 반응들 때문에 나는 그리스도교 목회나 사역에 헌신하고 있는 모든 사람을 위하여 이 책을 내놓을 수 있게 되었지요.

나는 이 책을 존 모갑갑에게 바칩니다. 그는 나와 함께 이 과정을 가르쳤습니다. 내가 이렇게 감사를 표하는 것은 세미나와 이 책에 대한 그의 공헌이 굉장히 컸기 때문만은 아닙니다. 무엇보다도 감사한 것은 5년 동안 예일대학교 신학대학원에서 함께 일을 했기 때문입니다. 그의 깊은 우정과 도움이 있었기에, 지난 5년은 진정 하나님께서 내려주신 선물이 될 수 있었습니다.

13
•
감사의 말

"떠나라! 침묵하라! 늘 기도하라!"
이것은 사막의 영성을 한 마디로 요약한 말들입니다.

들어가는 말

오늘 우리는 그리스도께서 나신 지 두 번째 새 천년을 맞이하였습니다. 잔뜩 축하 분위기에 들썩일 법도 한데, 문제는 이것입니다: "뭐 경축할 만한 게 있겠는가?"

과연 우리의 인간성이 그 자체의 파괴적인 힘으로부터 살아남을 수 있을까 하는 의구심 높은 목소리가 여기저기서 터져나옵니다.

점증하는 가난과 굶주림, 국가간뿐만 아니라 우리 안에

까지 급속하게 확산되고 있는 증오와 폭력, 그리고 핵무기 체제의 놀랄 만한 구축을 심각하게 생각해 볼 때, 우리는 이 세계가 바야흐로 자살 여행을 시작했음을 깨닫게 됩니다.

우리는 아픈 가슴 부여안고 사도 요한의 말씀을 떠올려 봅니다:

> 그 빛이……
> 참 빛이……
> 세상에 오셨으니……
> 세상이 그분으로 말미암아
> 생겨났는데도,
> 세상은 그분을 알지 못하였다.
> 그분이 자기 땅에 오셨으나,
> 백성은 그분을 맞아들이지 않았다.
>
> 요한복음 1장 9-11절

어두움은 이전보다 더 짙게 드리웁니다. 악의 세력들은 이전보다 훨씬 더 현저하게 눈에 띕니다. 하나님의 자녀들은 이전보다 훨씬 더 심각하게 시험을 받고 있는 것 같습니다.

지난 몇 년 동안, 나는 이런 상황에서 그리스도를 섬기는 목회자나 사역자가 된다는 것이 무엇을 의미하는지 곰곰히 생각해 왔습니다.

어둠 속에 빛을 전하고, "가난한 사람들에게 기쁜 소식을 전하고, 포로된 사람들에게 자유를, 눈먼 사람들에게 다시 보게 함을 선포하고, 억눌린 사람들을 풀어 주고, 주님의 은혜의 해를 선포"(누가복음 4장 18-19절)하고자 하는 이들에게 진정 요구되는 것은 무엇일까요?

시대의 혼란과 고통 속 그 한가운데로 깊이 뛰어들어가 희망의 말을 하도록 부르심을 받은 남녀 그리스도인들에게 요구되는 것은 진정 무엇일까요?

두려움과 고통으로 가득 찬 이 역사적 시점에서 교회, 학교, 대학, 병원, 교도소 등에서 섬기고 있는 우리 목회자나 사역자들을 보십시오. 오늘 우리가 그리스도의 빛을 어둠 속에서 비추어야 할 임무를 실현한다는 것이 얼마나 어려운가를 여기저기서 쉽게 찾아볼 수 있지 않습니까?

우리는 대부분 무기력하고 통속적인 분위기에 너무나 쉽게 젖어들고 있습니다. 우리 가운데 어떤 이들은 지쳐 있습니다. 탈진한 이들도 있습니다. 실망한 이들도 있습니다. 속이 상한 이들도 있습니다. 분개하고 있는 이들도 있습니다. 그저 따분해 하는 이들도 있습니다.

반면에, 어떤 이들은 여전히 활동적이고 목회나 사역에 적극 참여합니다. 그러나 끝내는 예수 그리스도의 이름으로 살기보다 자기 자신의 이름으로 살아가고 맙니다.

이와 같은 현상은 그리 이상한 게 아닙니다. 목회나 사역에 대한 압력이 너무 큽니다. 이런저런 요구들이 한두 가지가 아닙니다. 그러나 만족감은 갈수록 줄어들고 있습니다.

이런 상황에서 우리가 어떻게 창조적 생명력을 충만히 지니고 있을 수 있겠습니까? 이런 상황에서 우리가 어떻게 하나님의 말씀에 대한 열의를 지닐 수 있겠습니까? 이런 상황에서 우리가 어떻게 섬기고픈 갈망을 충만히 지닐 수 있겠습니까? 그리고 이런 상황에서 우리가 어떻게 가끔 마비되어 있는 것 같은 회중들에게 생기를 불어넣어 줄 만한 동기를 부여할 수 있겠습니까? 과연 우리에게서 이런 것들을 기대할 수 있겠느냐 말입니다.

우리가 어디서 영양분과 힘을 얻을 수 있으리라고 보십니까? 우리가 어떻게 해야 우리 자신의 영적 굶주림과 목마름을 채울 수 있겠습니까?

이런 것들이 내가 관심을 갖고 다음 페이지들에서 언급하고자 하는 것입니다. 새로운 천년을 맞이하여, 곧 두고 보시면 아시겠지만 신실하지 못하고 자기 중심적으로만 안일하게 생각하며 절망에 대한 유혹들로 가득 찰 새 천년을 맞이하여, 그리스도의 생생한 증인으로 남아 있으려는 우리의 노력에 도움이 될 만한 생각과 수련 방법들을 몇 가지 알려드리고 싶습니다.

그러나 우리가 도움을 받으려면 정작 어느 쪽에서 접근을 해야 할까요? 자끄 엘룰에게서? 윌리엄 스트링펠로우에게서? 토마스 머튼에게서? 떼이야르 드 샤르댕에게서? 물론 그들도 너나없이 하고싶은 말이 많을 것입니다.

그러나 나는 영감의 좀더 원초적인 뿌리에 관심이 있습니다. 그것은 우리가 옆길로 새지 않도록 직접적으로, 단순하게, 그리고 구체적으로 우리를 영적 투쟁의 핵심으로 이끌 수 있는 것이라야 합니다.

들어가는 말

이 뿌리가 바로 *Apophthegmata Patrum*, 곧 〈사막의 교부들의 잠언〉입니다. 4세기와 5세기에 이집트 사막에서 살았던 사막의 영성 지도자들은 새 천년을 맞이한 오늘의 목회자나 사역자의 삶에 매우 중요한 전망을 제공해 줄 수 있습니다.

사막의 영성 지도자들—곧 사막의 교부들(Desert Fathers)과 사막의 교모들(Desert Mothers)—은 새로운 형태의 순교를 추구한 그리스도인들이었습니다. 일단 박해가 멈추자, 더 이상 피를 흘려가면서까지 그리스도를 증거할 일이 없게 되었습니다.

그러나 박해가 끝났다고 해서 세상이 그리스도의 이상을 받아들이고 그 가던 길을 바꾸게 되었음을 의미하지는 않았습니다. 세상은 여전히 빛보다 어두움을 더 사랑하였습니다(요한복음 3장 19절).

따라서 세상이 더 이상 그리스도인의 적은 아니라 하더라도, 그리스도인은 어둠의 세상에 대하여 적이 되지 않으면 안 되었습니다. 그런 의미에서, 사막으로 들어가는 것은 세상에 순응하라는 유혹을 피하는 길이었던 거지요.

●
사막의 영성

안토니, 아가톤, 마카리우스, 포에멘, 테오도라, 사라,
신클레티카는 바로 이런 사막의 영성 지도자들이었습니다.
이 사막에서 그들은 새로운 순교자, 곧 악의 파괴적 힘들
에 대항하는 증인들, 예수 그리스도의 구원하시는 능력에
대한 증인들이 되었습니다.

그들의 영성적 논평들, 방문객들에 대한 그들의 조언,
그리고 아주 구체적이고 금욕주의적인 그들의 실천들이 실
로 놀랍습니다. 오늘 목회자나 사역자의 영성 생활에 대하
여 내가 무언가 의견을 말한다면 바로 이런 것들에 기초를
두고 있다고 할 수 있습니다.

사도 바울은 이렇게 훈계했습니다:

여러분은
이 시대의 풍조를 본받지 말고,
마음을 새롭게 함으로
변화를 받아서,
하나님의 기뻐하시고
완전하신 뜻이 무엇인지를
분별하도록 하십시오.

로마서 12장 2절

●
들어가는 말

우리는 사막의 영성 지도자들이 그랬던 것처럼, 사도 바울의 이와 같은 훈계에 대하여 실천적이고 실현가능한 응답을 찾아내지 않으면 안 됩니다.

나는 나의 생각을 체계화하기 위하여, 영성 지도자 아르세니우스에 대하여 전해 내려오는 이야기를 살려쓰고자 합니다. 아르세니우스는 당시 원로원 의원 계급의 일류 교육을 받은 로마인이었습니다. 테오도시우스 황제의 궁전에서 왕자 아르카디우스와 호노리우스를 가르치며 지내기도 했지요:

그는 궁전에 살면서 이렇게 기도를 하였습니다: "주님, 저를 구원의 길로 이끌어 주십시오." 그러자 그에게 다음과 같은 목소리가 들려 왔습니다: "아르세니우스야, 세상을 피해라. 그러면 네가 구원을 받을 것이다."

몰래 로마에서 알렉산드리아로 배를 타고 가서 세속에서 벗어나 (사막에서) 고독한 생활을 하다가, 아르세니우스는 다시 이렇게 기도를 드렸습니다: "주님, 저를 구원의 길로 이끌어 주십시오."

그러자 그에게 다시 다음과 같은 목소리가 들려 왔습니다: "아르세니우스야, 떠나라! 침묵하라! 늘 기도하라! 이것이 무죄의 원천들이니라."[1]

이 말들—떠나라! 침묵하라! 기도하라!—이야말로 사막의 영성을 요약한 말들입니다. 그것은 세상이 우리를 세상적인 모습으로 만들려 하는 것을 방지하는 세 가지 길을 가리키는 것입니다. 또 그것은 성령 안에서 사는 삶으로 나아가는 세 가지 길이기도 하지요.

내가 첫번째로 해야 할 일은 우리가 세상으로부터 떠난다는 것이 무엇을 뜻하는지 탐구하는 것입니다. 이것은 고독의 문제를 제기합니다. 그리고 내가 두 번째로 해야 할 일은 목회영성의 필수 요소인 침묵이 무엇인지를 정의내리는 것입니다. 끝으로, 나는 항상 기도하라는 소명을 가지고 여러분에게 도전하고자 합니다.

들어가는 말

차 례

가서 네 소유를 팔아, 가난한 사람들에게 주어라

……그리고 와서, 나를 따라라.

고 독 Solitude

1

여는 말

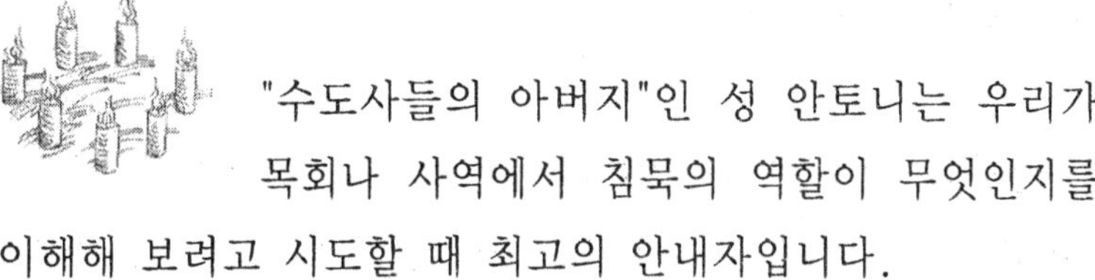

"수도사들의 아버지"인 성 안토니는 우리가 목회나 사역에서 침묵의 역할이 무엇인지를 이해해 보려고 시도할 때 최고의 안내자입니다.

안토니는 251년경 이집트 한 시골 농부의 아들로 태어났습니다. 그는 18살쯤 되었을 때, 교회에서 다음과 같은 복음서 말씀을 듣게 되었습니다:

예수께서 그에게 말씀하셨다:
"네가 완전한 사람이

되고자 하거든,

가서 네 소유를 팔아서,

가난한 사람들에게 주어라.

그리하면,

네가 하늘에서

보화를 차지하게 될 것이다.

그리고 와서,

나를 따라라."

마태복음 19장 21절

안토니는 이 말씀을 개인적으로 자기를 두고 하시는 말씀이라고 깨닫게 되었습니다.

한동안 그는 마을 변두리에서 가난한 노동자로 생활하였습니다. 그러다가 사막으로 들어갔습니다. 그리고 20년 동안을 그곳에서 완전한 고독 속에서 살았습니다.

사막에서 여러 해를 지내는 동안, 그는 굉장한 시련을 맛보았습니다. 그를 둘러싸고 있던 표면적 안전의 껍질들이 술술 벗겨져 나갔습니다. 죄악의 심연이 그에게 입을 벌리고 다가왔습니다.

사막의 영성

그러나 그는 이런 시련들을 성공적으로 극복하고 다시 돌아오게 되었습니다. 하지만 그것은 자기 자신의 의지력이나 고행을 통한 공로 때문이 아니었습니다. 예수님의 주권에 대하여 무조건적으로 무릎을 꿇었기 때문이었습니다.

그가 고독한 생활을 청산하고 다시 돌아왔을 때, 사람들은 그가 참으로 "건강한" 사람이라는 것을, 몸과 마음과 영혼이 통전적인 사람이라는 것을 금방 알아보았습니다. 그래서 그들은 그에게 치유와 위로와 지도를 받으려고 벌떼처럼 몰려들었습니다.

나이가 들어 늙게 되자, 안토니는 하나님과 직접 친교를 나누는 일에 전적으로 매달리기 위하여 더욱 더 깊은 고독 속으로 몰입해 들어갔습니다. 그는 356년에 세상을 떠났습니다. 그 때 그의 나이는 약 106세였습니다.

성 안토니의 이야기가 보여주는 것은, 성 아타나시우스가 말한 것처럼, 우리의 거짓되고 강박적인 자기를 예수 그리스도의 새로운 자기로 변형시켜야 할 소명을 부여받았음을 자각하지 않으면 안 된다는 것입니다. 그리고 동시에 고독은 이러한 변형의 용광로라는 것이지요.

고독

결국 그것이 나타내는 것은 무엇이겠습니까? 진정한 목회나 진정한 사역이란 바로 이 변형된 또는 회심된 자기에게서 나온다는 사실 아니겠습니까?

따라서, 나는 성 안토니의 삶 속에 나타난 이 세 가지 측면들을 탐구해 볼 것을 제안합니다. 그래서 우리의 목회나 사역에 깃들어 있는 기회들뿐만 아니라 문제들까지도 밝혀내 보았으면 합니다.

사막의 영성

강박적인 사역자

토마스 머튼은 자신의 책 〈사막의 지혜〉
(*The Wisdom of the Desert*) 머리말에서
다음과 같이 쓰고 있습니다:

사회는……[사막의 영성 지도자들에 따르면] 한 사
람의 개인이 저마다 자신의 생명을 살리기 위하여 헤
엄쳐 나가야 할 난파선으로 여겨졌습니다……이 사람
들에게는 어떤 믿음같은 게 있었습니다. 곧 사람을 표
류하며 둥둥 떠다니게 하기 위하여, 그들이 사회라고
알고 있는 것의 주의와 가치들을 수동적으로 받아들이

는 것은 순전히 그리고 단순히 하나의 재난이었을 뿐
이라고.[1]

이런 관찰 때문에 우리는 곧장 문제의 핵심으로 나아갈
수 있습니다. 우리 사회는 그리스도의 사랑으로 이루어진
밝은 공동체가 아닙니다. 되려 지배와 조작이 난무한 위험
스러운 조직입니다. 그 속에 있다보면, 우리가 쉽게 곤경
에 처할 수도 있고 우리의 영혼마저 잃어 버릴 수도 있습
니다.

근본적인 문제는 예수 그리스도를 섬기는 우리가 이미
어두운 세상의 유혹적인 힘에 깊이 눌림으로써 우리 자신
과 다른 사람들의 치명적인 상태를 제대로 들여다보지 못
하고 장님이 되어 버리지 않았나 하는 것입니다. 그래서
급기야는 우리 생명을 살리기 위하여 헤엄쳐 나갈 힘과 동
기마저 상실해 버리지 않았나 반성이 되는 것입니다.

우리의 일상 생활을 잠깐 들여다볼까요? 일반적으로 우
리는 매우 바쁜 사람들입니다. 우리가 참석해야 할 모임이
한두 가지가 아닙니다. 방문해야 할 곳도 너무 많구요. 이
끌어야 할 예배나 예식도 수두룩합니다.

사막의 영성

우리 달력은 약속들로 꽉 차 있습니다. 오늘 내일, 이
번주 다음주, 해야 할 일들이 끝도 없습니다. 해마다 수도
없이 계획을 짜야 하고 별별 프로젝트를 다 내어놓아야 합
니다.

우리가 무엇을 해야 할지 모르는 시간은 거의 없습니
다. 그러나 우리가 생각하고 말하고 행동하는 것 가운데
어느 것이 진정 생각하고 말하고 행동할 만한 '가치'가 있
는 것인지에 대해서는 전혀 생각할 시간적 여유조차 갖지
못한 채 도무지 좌불안석 산란한 마음으로 삶을 살아갑니
다.

우리는 우리에게 전해 내려온 갖가지 "당위"와 "규범"에
대하여 별 생각없이 동의해 버립니다. 마치 그것들이 우리
주님께서 선포하신 복음의 진정한 해석인 것마냥 그것들을
받아들이며 살아갑니다.

사람들을 어떻게 해서든 교회에 나오게 해야 합니다.
젊은이들은 어떻게 해서든 젊음을 즐겨야 합니다. 돈이라
면 어떻게 해서든 긁어모아야 합니다. 그리고 무엇보다도
먼저 모든 사람은 어떻게 해서든 행복해야만 합니다.

게다가, 우리는 교회나 세속 권력자들과 잘 어울려 지
내야 합니다. 우리는 우리 교회의 상당수 사람들의 마음에
들어야 합니다. 적어도 그들의 존경을 받을 수는 있어야
합니다. 우리는 일정한 스케줄에 따라 진급도 되어야 합니
다. 편안한 삶을 살 수 있을 만큼 충분한 휴가와 봉급도
받아야 합니다.

이렇게 우리는 바쁜 사람들입니다. 다른 모든 바쁜 사
람들과 틀린 것 하나없이. 나아가, 우리는 보상에 굶주린
사람들입니다. 바쁜 사람은 그 바쁜 만큼의 보상을 응당
받기라도 해야 하듯이.

이 모든 것이 시사하는 게 무엇일까요? 그것은 섬긴다
고 하는 우리의 목회나 사역 생활이 얼마나 무시무시하게
세속화되어 가고 있는가 하는 것입니다. 왜 이 모양 이 꼴
이 되어가는 것일까요? 왜 빛의 자녀라고 하는 우리들이
그렇게도 쉽게 어두움과 결탁하는 공모자들이 되어가는 것
일까요?

대답은 아주 간단합니다. 우리의 정체성, 곧 우리가 우
리 자신에 대해 느끼는 감정이 위기에 처해 있는 것입니
다.

세속주의는 우리가 주변 환경에 어떻게 반응하느냐에 달려 있습니다. 세속적이거나 거짓된 자기는, 토마스 머튼이 말한 것처럼, 사회적 강박관념들에 따라 날조된 자기입니다.

"강박적"이라는 말은 실로 거짓 자기라는 말 앞에 가장 그럴 듯하게 쓰이는 형용사이지요. 그것은 지금도 진행 중이거나 점점 더 증대해 가는 인정 욕구를 가리킵니다.

나는 누구인가? 사람들은 나를 좋아합니다. 나를 칭찬하기도 합니다. 나를 보고 경탄하기도 합니다. 나를 혐오스러워 하기도 합니다. 나를 증오하기도 합니다. 아니 나를 멸시하기도 합니다. 내가 피아니스트든 사업가든 목회자이든 사역자이든 간에, 중요한 것은 세상이 나를 어떻게 이해하느냐 하는 것이지요.

만일 바쁜 것이 좋은 것이라면, 나는 바쁘지 않으면 안 됩니다. 만일 돈을 소유하는 것이 참 자유의 표징이라면, 나는 나의 돈을 요구하지 않으면 안 됩니다. 만일 많은 사람을 알고 지내는 것이 내가 중요한 존재라는 것을 입증하는 것이라면, 나는 거기에 꼭 필요한 접촉들을 해야 할 것입니다.

고독

강박증은 실패에 대한 숨은 두려움 속에서 그 자신의 모습을 드러냅니다. 그리고 어떻게든 그 두려움을 미리 막아 보려고 끈질기게 몰아붙이는 것도 강박증의 또다른 얼굴입니다. 좀더 많이 일하고, 좀더 많이 벌고, 좀더 많이 친구를 사귀고……. 좀더, 좀더, 좀더!

영성 생활에는 두 가지 주된 적들이 있습니다. 곧 분노와 탐욕이지요. 그 적들이 어디에 있느냐고요? 바로 이러한 강박증들 밑바닥에 깔려 있습니다. 이것들이 세속 생활의 이면입니다. 이것들이 바로 우리가 세속에 의존함으로써 얻는 불쾌한 결실들입니다.

분노란 뭔가를 빼앗겼을 때 나타내는 충동적 반응 외에 무엇입니까? 내가 나에 대해서 느끼는 것이 다른 사람들이 나에 대해서 말하는 것에 좌우될 때가 있습니다. 분노는 바로 그런 때 듣게 되는 어떤 비판적인 말에 대해 아주 자연스럽게 나타내는 반동입니다.

또 내가 나에 대해서 느끼는 것이 내가 얻을 수 있는 것에 좌우될 때가 있습니다. 탐욕은 바로 그런 때 내 욕구가 좌절될 때 솟아오릅니다. 따라서 탐욕과 분노는 구원받지 못한 세상의 사회적 강박증들에 따라 날조된 거짓 자기

사막의 영성

의 남매입니다.

분노는 특히 현대 목회나 사역에서 직업적인 악습에 가까와 보입니다. 여러분이 목사이든 사역자이든, 여러분의 모습을 한번 살펴보십시오.

지도자들에게는 이끌어 주지 않는다고 화를 내고, 교우들에게는 자기를 잘 따라주지 않는다고 화를 냅니다. 교회에 나오지 않는 사람들에게는 나오지 않는다고 화를 내고, 나오는 사람들에게는 왜 그렇게 열심이 없느냐고 화를 냅니다. 가족들에게는 자기에게 왜 그렇게 죄책감을 갖게 하느냐고 화를 내고, 스스로는 내가 왜 가족들이 바라는 존재가 되지 못할까 속이 상해 화를 냅니다.

이것은 드러내 놓고, 눈에 띄게, 바락바락 소리를 질러대는 분노가 아닙니다. 부드러운 말과, 웃는 얼굴과, 점잖은 악수 뒤에 숨어 있는 분노입니다. 이것은 냉혹한 분노입니다. 이 분노의 밑바탕에는 날카로운 원한이 스며 있습니다. 이 분노는 관대한 마음까지도 서서히 마비시켜 버립니다.

만일 목회나 사역이 냉담하고 활기없어 보입니까? 그것

고독

은 그리스도를 섬기는 이들 속에 숨어 있는 이 어둡고 교활한 분노때문입니다.

안토니와 그의 동료 수도사들은 자신들이 살던 사회의 주의와 가치를 별 생각없이 수동적으로 받아들이는 것을 영성적 재난으로 생각하였습니다. 그런데 그게 그렇게 이상한 게 아닙니다. 그들은 자신들을 유혹하는 세상의 강박증들을 벗어나는 것이 얼마나 어려운 것인가를 이해하게 되었습니다. 그리스도인 한 사람 한 사람에게뿐만 아니라 교회 자체에서도 그것은 무척이나 어려운 과제였습니다.

과연 그들은 어떻게 반응하였습니까? 그들은 가라앉는 배에서 탈출하였습니다. 그리고 자신들의 생명을 구하기 위하여 힘껏 헤엄을 쳤습니다. 그래서 마침내 그들이 다다른 그 구원의 장소가 바로 사막이라 불리는 고독의 자리입니다.

그러면 이제 이 고독이 그들에게 어떤 영향을 끼쳤는지 알아보도록 합시다.

사막의 영성

변형의 용광로

 가서 네 소유를 팔아, 가난한 사람들에게 주
어라……그리고 와서, 나를 따라라.

　안토니는 예수님의 이 말씀을 듣는 순간, 자신이 살고
있는 세상의 갖가지 강박증들로부터 탈출하라는 부르심이
라고 받아들였습니다. 그는 자기 가정을 떠나 마을 변두리
에 있는 판자집에서 가난하게 살았습니다. 그리고 육체 노
동과 기도에 깊이 묻혀 지냈습니다.

　그러나 머지않아 그는 자신에게 요구되는 것은 더욱 큰

고독

것이라는 사실을 깨달았습니다. 그는 자신의 적들인 분노
와 탐욕에 대하여 정면으로 대면함으로써, 자기 자신을 전
혀 새로운 존재로 변형시켜야 했습니다.

다시 말해서, 낡고 거짓된 자기를 죽이고 새로운 자기
로 태어나야 했지요. 이를 위하여 안토니는 사막으로 물러
나 완전한 고독 속에 들어갔습니다.

고독은 변형의 용광로입니다. 고독이 없으면 우리는 우
리 사회의 희생자로 남게 됩니다. 계속해서 거짓 자기의
환영에 빠져 괴로움을 당하게 됩니다.

예수님 자신도 이 용광로 속으로 들어가셨습니다. 거기
서 세상이 주는 세 가지 강박증들로부터 유혹을 받으셨습
니다. 곧 적절한 것("돌로 빵을 만들어 보시지"), 극적인
것("여기서 뛰어내려 보시지"), 힘있는 것("당신에게 이 모
든 왕국을 주겠소"). 거기서 예수님은 하나님을 자기 정체
성의 유일한 원천으로 확인하셨습니다("여러분은 여러분의
하나님이신 주님을 예배하고 그분만을 섬겨야 합니다").

고독은 위대한 고투의 자리요, 위대한 만남의 자리입니
다. 그 고투는 거짓 자기의 강박증들에 대항하는 것입니

●
사막의 영성

다. 그 만남은 스스로를 새로운 자기의 실제로 제공하시는
사랑의 하나님과 사귀는 것입니다.

이것은 오히려 가까이 하기 어려운 것으로 들릴 수도
있습니다. 루터와 칼빈을 통하여 어렵사리 빠져나온 중세
의 금욕적 수행의 이미지를 다시 떠올리게까지 합니다.

그러나 일단 우리가 이러한 환상들의 실체를 정확히 들
여다보고 비본질적인 부분만 극복할 수 있다면, 우리는 여
기서 다루고 있는 게 목회와 영성이 그리고 사역과 영성이
서로를 품에 안아주는 그 거룩한 자리임을 알게 될 것입니
다. 그것은 고독이라고 불리는 자리입니다.

고독의 의미를 이해하기 위하여 우리는 먼저 고독의 개
념이 우리가 사는 세상에 의해 어떻게 왜곡되어 왔는지 그
내력을 먼저 밝혀내지 않으면 안 됩니다.

우리는 한결같이 이렇게 말들 합니다. 우리 삶에서 얼
마간의 고독은 필요하다고. 그러나 우리가 지금 진실로 생
각하고 있는 것은 우리 자신만을 위한 시간과 공간입니다.
우리가 다른 사람들에게 방해받지 않고 우리 자신의 생각
을 발전시켜 가고, 우리 자신 속에 응어리져 있는 불평을

고독

토로할 수 있으며, 우리 자신의 일을 할 수 있는 시간과
장소 말이지요. 그게 무엇이든 간에.

우리에게, 고독은 흔히들 은둔을 뜻하기도 합니다. 그
러나 우리는 우리 모두가 은둔 생활을 할 권리가 있다는
모호한 확신을 갖기에 이르렀습니다. 그래서 고독이 마치
영적 물건을 파는 자유시장에서 경쟁할 수 있는 영적 소유
물인 것마냥 여겨지고 있습니다.

그러나 그뿐만이 아닙니다. 우리는 고독을 우리 전지를
재충전할 수 있는 장소로 생각하기도 합니다. 우리의 상처
에 기름을 바르고 우리 근육을 마사지하며 멋진 슬로건을
보고 금새 용기를 되찾을 수 있는 복싱경기장의 링 한쪽에
있는 코너쯤으로 생각하기도 합니다.

간단히 말해서, 우리는 고독을 삶 속에서 끊임없이 압
도해 오는 경쟁을 가속화하기 위하여 새로운 힘을 모으는
곳으로 생각합니다.

그러나 그것은 세례 요한의 고독이 아닙니다. 성 안토
니나 성 베네딕트의 고독도 아닙니다. 찰스 드 후꼬나 떼
제 형제들의 고독도 아닙니다.

그들에게서 고독은 사적인 치료 장소가 아닙니다. 오히려, 그것은 회심의 장소입니다. 옛 자기가 죽고 새 자기가 태어나는 장소입니다. 새로운 남성과 새로운 여성이 출현하는 장소입니다.

그렇다면 어떻게 해야 우리가 이 변형시키는 고독에 대하여 좀더 분명한 이해를 얻을 수 있을까요? 이제부터는 이 고독 속에서 일어나는 만남뿐만 아니라 고투도 좀더 자세히 기술해 보도록 하겠습니다.

고독 속에서 나는 나의 발판을 제거해 버립니다: 함께 이야기할 친구도 없습니다. 전화를 걸 일도 없습니다. 참석할 모임도 없습니다. 즐길 음악도 없습니다. 마음을 산란하게 할 책도 없습니다. 오직 나뿐입니다—발가벗고, 상처입기 쉽고, 약하고, 죄많고, 박탈당하고, 부서진 나밖에 없습니다. 아무 것도!

내가 나의 고독 안에서 직면해야 할 것이 바로 이 무(nothingness)입니다. 이 무가 어찌나 무섭던지, 내 안에 있는 모든 것은 더욱 더 친구에 집착하고 더욱 더 일에 매달리며 더욱 더 미친듯이 날뛰려는 경향이 있습니다. 그렇게라도 해서 내가 아무 것도 아니라는 사실을 잊어 버리

●

고독

고, 나는 무언가 가치 있는 존재라고 스스로를 믿게 하려
는 경향이 있습니다.

　그러나 그것이 전부는 아닙니다. 내가 나의 고독 속에
머물러야겠다고 결심하자마자, 혼동스러운 생각들과 혼란
스러운 이미지들과 무모한 환상들과 알다가도 모를 연상들
이 내 마음 속에서 이리 풀쩍 저리 풀쩍 뛰어다닙니다. 마
치 바나나 나무 위의 원숭이처럼.

　분노와 탐욕이 그 추악한 얼굴을 나타내기 시작합니다.
나는 나의 적들에게 적개심에 불타 일장 연설을 합니다.
그리고 나는 내가 부유하고 영향력이 있고 대단히 매력이
있다는 꿈들을 꿉니다. 아니 가난하고 추하고 즉각적인 위
로가 필요하다는 강력한 꿈들을 꿉니다.

　이리하여 나는 다시 내 안에 깃든 무의 어두운 심연에
서 도망쳐 나옵니다. 그 모든 허영 속에 깃들어 있는 나의
거짓 자기를 되찾으려 합니다.

　내가 해야 할 일은 내가 나의 고독 속에서 견뎌내는 것
입니다. 다시 말해서, 내 방에 머무는 것입니다. 나를 유
혹하는 모든 방문객이 내 방문을 두드리다가 그만 지쳐서

사막의 영성

나를 혼자 내버려 두고 떠나갈 때까지.

그뤼네발트가 그린 "이젠하임 제단"(*Isenheim Altar*)이 라는 그림을 보신 적이 있습니까? 거기에는 놀라운 사실 주의 화법으로, 고독 속에 깃들어 있는 안토니에게 다가가 유혹을 하는 많은 마귀들의 추악한 얼굴이 드러나 있습니 다.

위험이 실제적이기 때문에, 고투도 실제적입니다. 그 위험이란 다른 게 아닙니다. 우리의 삶 전체가 오로지 우 리가 처한 현실에 대해 한없이 방어만 하려 하는 게 위험 한 것입니다. 우리가 스스로를 의인이라고 끊임없이 확인 받고 싶어하는 것이 위험하다는 말이지요. 하지만 예수께 서는 "의인을 부르러 오신 것이 아니라 죄인을 부르러 오 셨습니다"(마태복음 9장 13절).

그것은 고투입니다. 거짓 자기에 대해서 죽고자 하는 것은 고투입니다. 그러나 우리 자신의 힘만으로는 이 고투 를 감당할 길이 없습니다. 마귀에 대항하여 싸울 때 자기 자신의 무기를 가지고 싸우고자 하는 사람이 있다면, 그는 참 어리석은 사람입니다.

●

고독

사막의 지혜는 우리 자신이 무와 대결할 때는 자신을 주 예수 그리스도께 완전히 그리고 무조건 포기할 것을 요구합니다. 우리는 홀로 "죄악의 신비"에 직면할 수가 없습니다. 그리스도께서는 이 악의 세력을 극복하실 수 있습니다. 그리스도 안에서만, 그리스도를 통해서만, 우리는 우리 앞에 닥친 고독의 시련을 딛고 살아남을 수 있습니다.

이것을 사막의 영성 지도자 엘리아스는 이렇게 아름다운 예화를 들어 말하였습니다:

한 수도사가 성전에서 살고 있었지요. 하루는 마귀들이 그에게 와서 이렇게 말했습니다: "이곳은 우리한테 속해 있는 곳이니 이곳을 떠나시오." 그러자 수도사는 이렇게 대꾸를 하였습니다: "너희한테 속해 있는 곳은 아무 데도 없다."

그러자 마귀들은 그 수도사의 종려나무 가지들을 사방으로 하나씩 하나씩 흩뿌려 놓기 시작했습니다. 그러나 수도사는 꾹 참으면서 그 흩뿌려진 가지들을 계속 한 데 모아갔습니다.

잠시 뒤, 악마는 수도사의 손을 붙잡고 문쪽으로 끌고 갔습니다. 수도사는 문쪽에 이르자 딴 손으로 문틀을 부여잡고 부르짖었습니다: "예수님, 저를 구해 주십시오!" 그러자 마귀는 곧바로 도망을 쳐버렸습니다.

수도사가 울기 시작했습니다. 그 때 주님께서 그에게 말씀하셨습니다: "너는 왜 울고 있으냐?" 수도사의 대답은 이러했습니다: "마귀들이 감히 사람을 붙잡더니, 이런 식으로 다루었다구요."

주님께서 그에게 하신 대답은 바로 이것이었답니다: "너는 주의하지 않았어. 네가 나에게로 돌아서자마자, 봤잖니, 내가 네 곁에 있는 것을!"[2]

이 이야기가 보여주는 게 무엇이겠습니까? 예수 그리스도 자신과의 위대한 만남이 있어야 그런 맥락 속에서 실제로 진정한 고투가 일어날 수 있다는 것 아니겠습니까?

그리스도와의 만남은 우리의 거짓 자기나 마귀들과의 투쟁 이전에는 이루어질 수 없습니다. 그 투쟁 이후에 이루어질 수도 없습니다. 아니 그런 투쟁을 뛰어넘어 일어날 수도 없습니다.

결코, 그럴 수 없습니다. 우리 주님께서 우리에게 다가오셔서 말씀하시는 곳은 바로 이러한 고투의 자리 한가운데에서입니다. 위의 이야기에서 주님께서 그 수도사에게 이렇게 말씀하셨듯이: "네가 나에게로 돌아서자마자, 봤잖

●
고독

니, 내가 네 곁에 있는 것을!"

우리가 고독 속으로 들어가는 이유가 무엇이겠습니까? 그것은 무엇보다도 먼저 우리 주님을 만나기 위해서입니다. 그분과 지내기 위해서입니다. 그분과만.

그러므로 우리가 고독 속에서 제일 먼저 해야 할 일이 무엇이겠습니까? 우리를 몰아 세우는 많은 얼굴들에 대해서 과도한 관심을 기울이는 것? 아닙니다. 오히려 우리의 구원자이신 그분을 마음을 다하여 정성을 다하여 깊이 바라보는 것이지요.

우리는 은혜의 맥락 안에서만 우리의 죄를 직면할 수 있습니다. 우리는 치유의 장소 안에서만 우리의 상처들을 용기있게 내보일 수 있습니다. 그리스도를 향한 오롯한 관심이 있어야만 우리는 우리의 고착된 두려움을 포기하고 우리 자신의 참 본성을 직면할 수 있습니다.

우리 안에 살아계신 그리스도가 우리의 참 자기시라는 사실을 깨달을 때, 우리는 마침내 우리를 옥죄는 강박관념들을 서서히 녹여 없앨 수 있습니다. 이제야 비로소 하나님의 자녀로서 자유를 누리게 되는 거지요. 그 때에 이르

사막의 영성

러서야 우리는 비로소 웃으며 돌아볼 수 있습니다. 더 이상 분노하거나 탐욕을 부리지 않고.

우리 일상 생활에서 이 모든 것이 우리에게 의미하는 것은 무엇일까요? 우리가 수도 생활로 부르심을 받지 못했을 수도 있습니다. 사막의 혹독함 속에서 살아남을 수 있는 신체 조건을 구비하고 있지 못할 수도 있습니다. 그러나 그러한 때라도 우리는 여전히 우리 자신의 고독에 대해서 책임을 져야 합니다.

바로 우리의 세속적인 환경이 우리에게 영성 수련 방법을 별로 제공해 주지 못했기 때문에, 우리는 우리 자신의 것을 개발하지 않으면 안 됩니다. 진실로 우리는 일상적인 삶에서 물러나 우리의 강박관념을 떨쳐버리고 우리 주님의 온화하시고 치유하시는 현존 안에 오래 머무를 수 있는 우리 자신만의 사막을 형성하지 않으면 안 됩니다.

이러한 사막이 없이는 다른 이들에게 복음을 선포하면서도 정작 우리 자신의 영혼은 상실해 버리고 말 것입니다. 그러나 이러한 영성적 거처가 있으면, 우리는 우리가 섬기고 있는 그분의 이름 안에서 그분을 점점 더 따르게 될 것입니다.

우리가 해야 할 바로 그 첫번째 일이 바로 하나님과 함께, 그리고 그분하고만 홀로 있을 수 있는 시간과 장소를 따로 마련하는 것입니다. 구체적인 형태를 띤 이러한 고독 수련은 개인적인 성격이나 섬기는 분야에 따라 저마다 다를 것입니다.

그러나 진정한 영성 수련은 결코 막연하거나 별 특징없이 두리뭉실하지 않습니다. 그것은 구체적이고 특별합니다. 일상 생활 자체처럼.

나는 몇 년 전 캘커타의 마더 테레사를 방문한 적이 있습니다. 그 때 나는 그녀에게 내가 성직자로서 어떻게 살아가야 하는지를 물어 보았습니다. 그녀의 대답은 아주 간단명료하였습니다:

주님을 경배하는 데 하루에 한 시간씩 보내십시오. 그리고 당신이 잘못된 것이라고 알고 있는 것을 절대 하지 마십시오. 그러면 당신은 괜찮아질 것입니다.

만일 질문한 사람이 어린 자녀가 있는 부부였다면, 아마 다른 식으로 말했을 것입니다. 훨씬 더 큰 공동체에 몸담고 있는 사람이었다 하더라도, 아마 또 거기에 맞게 대

사막의 영성

답을 했을 것입니다.

그러나 마더 테레사는 목회나 사역은 우리 주님과의 직접적이고 밀접한 만남을 통하여 실천될 때만 결실을 거둘 수 있다는 진리를 확인시켜 주었습니다. 예수님의 모든 위대한 제자들이 그랬듯이.

그리하여 사도 요한의 첫번째 편지 서두에서는 역사를 통하여 되풀이되는 말이 있습니다:

> 이 글은 생명의 말씀에 관한 것입니다. 그것은······ 우리가 들은 것이요, 우리가 눈으로 본 것이요, 우리가 자세히 살펴본 것이요, 우리가 손으로 만져본 것입니다.
>
> 요한일서 1장 1절

따라서 고독은 정화와 변형의 자리입니다. 위대한 고투의 자리입니다. 아니 위대한 만남의 자리입니다. 고독은 단순히 어떤 목적을 이루기 위한 수단이 아닙니다. 고독은 그 자체가 목적입니다.

고독은 그리스도께서 우리를 자기 자신의 형상대로 개

조하시는 자리입니다. 우리를 짓누르는 세상의 숱한 강박
증들부터 우리를 자유하게 하는 자리입니다. 고독은 우리
를 구원하는 자리입니다. 그래서, 그것은 우리가 이 어두
움의 세상에서 빛을 찾고 있는 모든 사람을 이끌어 가고
싶은 자리입니다.

성 안토니는 20여 년을 홀로 고립된 채 지냈습니다.
그리고 그곳을 떠날 때는 자신의 고독도 함께 가져왔습니
다. 그리고 찾아오는 모든 사람과 그 고독을 함께 나누었
습니다.

그를 만나본 사람들은 하나같이 그를 균형 잡히고 온화
하며 배려하는 사람으로 묘사하였습니다. 그는 정말 작은
그리스도가 되었습니다. 하나님의 사랑으로 빛나게 되었습
니다. 그리하여 마침내는 그의 온 존재가 곧 목회요 사역
이 되었습니다.

그럼, 이제부터는 어떻게 변형된 자기로부터 공감적인
목회나 사역이 생겨나는지를 제시해 보도록 하겠습니다.

●

사막의 영성

공감적인 사역

안토니는 완전한 고립의 시기를 겪고 나온 뒤, 삶의 순간순간이 풍요롭고 다양한 사역으로 축복을 누리게 되었습니다. 이런 사람 저런 사람, 다양한 계층의 사람들이 그를 찾아와 조언을 구했습니다.

고독은 처음에는 신체적 고립이 필요했습니다. 그러나 이제는 자신의 마음 속 깊은 곳에 자리한 하나의 성정이 되었습니다. 곧 자신의 인도를 필요로 하는 사람들에 의하여 더 이상 흔들릴 수 없는 내면의 성향이 자리잡게 되었습니다.

여하튼 그의 고독은 누구라도 초대받을 수 있는 무한한 공간이 되었습니다. 그의 조언은 간단하고 직접적이며 구체적이었습니다:

> 어떤 사람이 그에게 물었습니다: "하나님을 기쁘시게 해드리기 위해서는 무엇을 해야 합니까?"
> 그 영성 지도자가 대답을 했습니다: "내가 그대에게 하는 말에 귀를 기울이시오. 그대가 무엇을 하든지 간에, 성경의 증언에 따라 하시오. 그대가 사는 곳이 어디든지 간에, 쉽게 그곳을 떠나지 마시오. 이 세 가지 가르침을 지키시오. 그러면 당신은 구원을 받을 것이오."[3]

누군가가 사막의 영성 지도자 팜보에게 물었습니다: "내가 무엇을 해야만 합니까?" 그 영성 지도자는 이렇게 대답을 하였습니다: "그대 자신의 의로움을 신뢰하지 마시오. 지난날을 걱정하지 마시오. 그러나 그대의 혀와 그대의 배를 조절하시오."

미래를 깊이 들여다보며, 안토니는 무서운 예견력을 지닌 말을 한 적이 있습니다:

사막의 영성

사람들이 미칠 때가 옵니다. 그리고 그들은 미치지 않는 누군가를 볼 때, 이렇게 말하며 공격을 할 것입니다: "당신, 미쳤군. 당신은 우리와 같지 않아!"[4]

안토니는 마귀들과 투쟁함으로써 그리고 주님과 만남으로써 사람들의 마음과 그 당시 분위기를 정확하게 진단하는 법을 배웠습니다. 그리하여 통찰과 편안함과 위로를 제공하는 법을 배웠습니다. 고독이 그를 공감적인 사람으로 만든 것이지요.

여기서 우리는 목회와 영성이 그리고 사역과 영성이 서로 접촉하는 지점을 발견하게 됩니다. 그것이 공감입니다. 공감은 고독의 열매입니다. 고독의 모든 사역의 밑바탕입니다. 고독 속에서 일어나는 정화와 변형은 공감 속에서 그 모습을 드러냅니다.

그런데, 우리, 공감적인 사람이 된다는 게 얼마나 힘든지 과소평가하지는 않도록 합시다. 공감은 다른 이들과 무력하고 상처입기 쉽고 외롭고 부서지기 쉬운 곳으로 함께 갈 내면적인 준비를 요구하기 때문입니다.

그러나 이것은 고통에 대한 자연적인 반응이 아닙니다.

고독

우리가 가장 바라는 것은 고통을 없애거나 속히 치료할 수 있는 방법을 발견하는 것이지요.

바쁘고 활동적이고 요령있는 목회자나 사역자들처럼, 우리는 실제적인 공헌을 함으로써 일용할 양식을 벌고싶어 합니다. 이것은 우리 존재가 다른 이들과 차이가 있다는 것을 보여줄 무엇인가를 하는 것을 뜻합니다.

그래서 우리는 우리의 가장 위대한 선물을 무시하게 됩니다. 괴로워하는 이들과 연대 관계를 이룰 수 있는 능력을 무시해 버리는 거지요. 이 공감적인 연대 관계가 자라는 곳이 바로 고독 속입니다.

고독 속에서 우리가 깨닫는 것은 이것입니다. 곧 인간적인 것은 그 어떤 것도 우리에게 전혀 낯설지 않다는 것입니다. 또 모든 갈등, 전쟁, 불의, 잔인, 증오, 시기, 그리고 질투의 뿌리가 우리 마음 속 깊이 뻗어있다는 것입니다.

고독 속에서 돌같이 딱딱한 우리 마음이 살같은 마음으로 변화될 수 있습니다. 완고한 마음이 뉘우치는 마음으로 변화될 수 있습니다. 닫힌 마음이 열린 마음으로 변화되

사막의 영성

어, 고난당하는 모든 이들과 연대하려는 몸짓을 내보일 수
도 있습니다.

만일 여러분이 사막의 영성 지도자들에게 왜 고독이 공
감을 낳느냐고 묻는다면, 그들은 이렇게 말할 것입니다:

> 고독 때문에
> 우리가 우리 이웃에 대해서 죽게 되기에…….

언뜻 이 대답은 현대를 살아가는 우리네 사고방식과는
아주 맞지 않는 것 같습니다. 그러나 우리가 이것을 조금
만 더 가까이 들여다보면, 우리가 다른 이들에게 섬김을
베풀기 위해서는 그들에 대해 죽어야 한다는 것을 알 수
있습니다.

다시 말해서, 우리가 얼마나 의미있고 얼마나 가치있는
존재인가 하는 것이 다른 이들을 판단하는 척도로 사용되
어서는 안 된다는 것이지요. 그런 잣대는 포기해야 한다는
말입니다.

우리 이웃들에 대하여 죽는다는 것은 그들을 판단하는
것을 멈춘다는 뜻입니다. 그들을 평가하는 것도 멈춘다는

고독

뜻입니다. 그리하여 자유롭게 공감적인 사람이 된다는 뜻
입니다.

공감은 결코 판단과 공존할 수 없습니다. 판단을 하다
보면, 다른 이들과 거리가 생기게 되고 자꾸 선을 긋게 됩
니다. 그런 것들 때문에 우리가 다른 이들과 진정으로 함
께 하지 못하는 것입니다.

우리의 목회나 사역은 대부분 판단들로 가득 차 있습니
다. 아주 흔한 예로, 우리는 무의식적으로 사람들을 이러
쿵저러쿵 분류하는 습성이 있습니다: 아주 좋은 사람, 좋
은 사람, 보통 사람, 나쁜 사람, 아주 나쁜 사람 등.

이런 식의 판단은 우리가 목회를 할 때나 사역을 할 때
생각과 말과 행동에 깊은 영향을 끼칩니다. 우리가 그것을
깨닫기도 전에, 우리는 자기 성취식 예언이라는 함정에 빠
집니다.

게으르고 무관심하며 적대적이고 불쾌하게 여겨지는 이
들을 우리는 그렇고그런 사람들로 취급합니다. 이런 식으
로 그들이 우리 자신의 견해에 따라 살아가도록 몰아붙입
니다.

따라서, 우리 목회나 사역은 대부분 우리 자신이 내린 판단의 덫에 따라 제한을 받습니다. 이렇듯 스스로 만들어 낸 제한들 때문에 우리는 사람들에게 그다지 도움이 되지 못합니다. 우리의 공감 또한 시들시들해지고 맙니다.

판단하지 말아라.
그러면 너도 판단받지 않을 것이다.

예수님의 이 말씀대로 살아가기가 정말 매우 힘듭니다. 그러나 이 속에 공감적인 목회나 공감적인 사역의 비밀이 깃들어 있습니다. 사막으로부터 나온 여러 가지 이야기들을 살펴보면, 이 사실이 더욱 분명해집니다.

성 안토니의 제자 가운데 한 사람인 영성 지도자 모세는 한 형제에게 이렇게 말하였습니다:

자기 이웃에 대해 죽는다는 것은 이런 것이지. 그대에게도 결점이 있잖나. 그 결점에 대해 스스로 책임을 지고 그 밖의 다른 것에는 신경을 쓰지 않는 것이지. 그것들이 좋은 것이든 나쁜 것이든 말이야.
아무에게도 해를 끼치지 말게. 누구에게든지 마음속으로라도 나쁜 생각을 품지 말게. 악을 행하는 사람

고독

을 경멸하지도 말게.

　자기 이웃에게 잘못하는 사람을 신뢰하지도 말게.
자기 이웃에게 상처를 주는 사람과 함께 기뻐하지도
말게……누구에게도 적대감을 갖지 말게. 혐오감이 그
대의 마음을 지배하지 않도록 하게나.[5]

　그리고 사막에 대하여 생생하게 묘사한 전형적인 모습
과 함께, 모든 것은 다음과 같은 말로 요약됩니다:

　　자기 집에 죽은 사람이 있는데, 그 사람은 거기 놓
　　아두고, 자기 이웃이 죽었다고 가서 우는 사람은 어리
　　석다.[6]

　고독은 우리 자신의 집에 죽은 사람이 있다는 사실을
깨닫게 해줍니다. 우리는 그 고독 때문에 다른 사람들의
죄가 어쩌구저쩌구 판단하는 것을 삼갈 수 있습니다.

　다음과 같은 사막 이야기가 그 좋은 예가 됩니다:

　　한 형제가……잘못을 저질렀습니다. 회의가 소집되
　　었고, 영성 지도자 모세도 초대를 받았지요. 그런데
　　그는 그 초대를 거절하였습니다.

●
사막의 영성

그러자 그 회의를 소집한 주교는 그에게 어떤 사람을 보내어 "와 주십시오. 모두가 기다리고 있습니다."라고 말씀드리게 하였습니다.

그래서 그가 일어나 갔습니다. 그는 새는 주전자를 들고 거기에 물을 채우더니, 그것을 들고 갔습니다.

다른 이들이 그를 맞으러 나왔다가 그에게 물었습니다: "이것이 무엇입니까?"

그 영성 지도자가 그들에게 말하였습니다: "내 죄들이 내 뒤로 새어 버렸소. 그래서 내가 그 죄들을 볼 수가 없소. 그런데 오늘 나는 다른 사람의 잘못을 판단하려고 왔소."

그들은 영성 지도자의 그 말을 듣고 더 이상 그 형제에게 할 말이 없었습니다. 그래서 그를 용서해 주지 않을 수 없었습니다. [7]

이 예화를 통하여 우리가 들여다볼 수 있는 게 무엇일까요? 그것은 곧 자기만 의롭다고 생각했던 이들이 고독을 통하여 온유하고 배려심이 많으며 용서할 줄 아는 사람들로 새롭게 빚어진다는 사실입니다.

고독 속에서 자신들의 죄가 얼마나 큰지를 깊이 확신하게 됩니다. 고독 속에서 하나님의 한층 더 위대하신 자비

●
고독

를 충분히 깨닫고, 자신들의 삶 자체가 목회나 사역이 되
게 합니다.

이러한 목회나 사역 속에서는 행위와 존재 사이에 어떤
차이도 남아 있을 수 없습니다. 우리가 하나님의 자비로우
신 현존으로 가득 채워져 있다면, 우리는 목회나 사역 외
에 그 어떤 것도 행할 수 없습니다. 우리의 온 존재가 어
두움 속에 오신 그 빛을 증거하기 때문입니다.

여기에 이 친절하고 공감적인 목회나 사역을 내보이는
두 가지 사막 이야기가 있습니다:

안토니의 제자인, 영성 지도자 암모나스에 관한 이
야기입니다. 들리는 바에 따르면, 그는 자신의 고독
속에서 '자신의 선함이 워낙 위대하여 자신의 사악함
을 눈치채지 못할 정도까지 나아갔다'고 합니다.
그렇게해서 교회의 최고지도자가 되었는데, 누군가
가 임신한 소녀를 한 명 데리고 오더니 그에게 이렇게
말했습니다: "보세요, 이 망할 계집이 한 짓을! 이 년
을 당장 처벌해 주세요."
그러나 그는 그 소녀의 자궁에 십자가 성호를 긋고
는, 고급 아마포로 만들어진 수의 여섯 벌을 그녀에게

사막의 영성

주라고 명하였습니다.

그리고 이유를 이렇게 말했습니다: "이 소녀가 아이를 낳을 때, 이 소녀가, 아니 이 소녀나 아이 중 한 명이 죽을 수도 있는데, 장례를 치를 때 가진 게 아무것도 없을까 두렵소."

그러나 그녀를 고발했던 사람들이 계속 수군덕거렸습니다: "왜 그렇게 하는 거죠? 그녀에게 벌을 주세요!"

하지만 그는 그들에게 이렇게 말하였습니다: "형제들이여, 보세요, 그녀는 지금 거의 다 죽어가고 있어요. 그런데 내가 이 상황에서 무엇을 할 수 있겠소?"

그리고 나서 그는 그녀를 멀리 떠나보냈습니다. 그리고 더 이상은 그 누구에게라도 감히 책망을 하지 않았습니다.[8]

이 이야기가 아름답게 예증하는 것이 무엇입니까? 곧 공감적인 사람이 다른 이들의 고난을 어찌나 잘 알고 있던지, 그 사람이 다른 이들의 죄에 거한다는 것은 도무지 불가능한 일이라는 것 아닙니까?

두 번째 이야기는 공감적인 목회자나 사역자가 어느 정도로 조심스럽고 감수성이 예민한지를 명확히 밝혀줍니다:

●
고독

세 명의 수도사가 영성 지도자인 아킬레스에게 찾아왔습니다. 그런데 그 가운데 한 명은 평판이 아주 나빴지요.

첫번째 수도사가 그에게 물었습니다: "저에게 어망 하나만 만들어 주십시오." "그대에게 하나를 만들어 드릴 수가 없구려." 아킬레스가 대답하였습니다.

그러자 두 번째 수도사가 말했습니다: "당신의 자비로 하나 만들어 주십시오. 그래야 우리가 수도원 안에 당신의 유품 하나쯤은 갖고 있을 수 있을 것 아닙니까?" 그러나 아킬레스가 말했습니다: "나한텐 시간이 없소."

그러자 평판이 좋지 않던 세 번째 수도사가 말했습니다: "저에게 어망 하나를 만들어 주십시오. 그래야만 당신 손에서 나온 무언가를 지니고 있을 수 있을 것 같습니다." 영성 지도자 아킬레스는 당장 그에게 대답하였습니다: "그대를 위해서, 내가 하나 만들어 주겠소."

그러자 다른 두 수도사가 그에게 살며시 물었습니다: "왜 우리가 부탁한 것은 들어주지 않더니, 저 사람이 부탁한 것은 들어주겠다고 하는 것입니까?"

그 영성 지도자가 그들에게 한 대답은 이러했습니다: "내가 만들어 줄 수 없다고 했을 때 그대들은 실

사막의 영성

망하지 않았소. 내가 시간이 없을 거라고 그대들이 생각했기 때문이오. 그러나 저 사람을 위하여 하나 만들어 주지 않으면, 그는 이렇게 생각했을 것이오: '저분이 내 죄에 대해서 들으셨나봐. 그러니까 내 부탁을 아무 것도 안 들어 주시지.' 그리고 나서 우리 관계는 깨져 버렸을 것이오. 그러나 이제 내가 그의 영혼을 격려해 주었으니, 그가 슬픔에 압도당하지는 않을 것이오."[9]

여기에 참으로 순수한 형태의 목회나 사역이 있습니다. 그것은 다름 아니라 고독이 낳은 공감적 사역입니다. 안토니와 그의 제자들은 세상의 강박증들로부터 피해 들어갔습니다. 그것은 사람들이 경멸스러워서가 아니었습니다. 오히려 그들을 구원할 수 있기 위해서였습니다.

토마스 머튼은 이러한 수도사들이야말로 자신들의 사회 곧 침몰해 가는 배 안에서 익사하지 않기 위하여 자신들의 생명을 구하려 헤엄을 쳤던 사람들이라고 묘사하였습니다. 머튼의 논평은 이렇습니다:

그들은 자신들이 조난을 당해 허우적거리고 있는 한, 다른 이들에게 어떤 선한 일을 하는 데 전혀 도움

고독

이 못 된다는 것을 알고 있었습니다.

그러나 일단 그들이 단단한 땅에 발을 내딛게 되자 사정이 달라졌습니다. 이제 그들에게는 온 세계를 자신들처럼 안전하게 끌어올릴 만한 힘도 있었고, 그렇게 해야 할 의무마저 주어졌습니다.[10]

이렇듯 고독 속에서 그리고 고독을 통하여 우리는 사람들로터 멀리 떨어져 나가지 않습니다. 반대로, 우리는 공감적인 목회와 공감적인 사역을 통하여 그들에게 더 가까이 다가갑니다.

●
사막의 영성

닫는 말

갖가지 강박관념들이 우리를 괴롭히는 이 세상에서, 우리는 고독 속으로 부르심을 받았습니다. 그 고독 속에서 우리는 우리의 분노와 탐욕에 대항하여 싸울 수 있습니다. 그 고독 속에서 우리는 예수 그리스도와 사랑스런 만남을 이루며 새로운 자기로 태어날 수 있습니다.

바로 이 고독 속에서 우리는 공감적인 사람들이 되어갑니다. 바로 이 고독 속에서 우리는 온 인류와 맺은 연대의식이 깨어져 있음을 깊이 깨닫게 됩니다. 그리고 이 고독

고독

속에서 우리는 도움을 필요로 하는 이들이면 누구에든지 다가갈 준비를 하게 됩니다.

안토니에 관한 이야기는 그 마지막 부분에서 그가, 공감적인 사역을 몇 년간 베푼 다음, 하나님과의 직접적인 교제에 온전히 몰두하기 위하여 자신의 고독 속으로 되돌아갔다는 것을 보여줍니다.

사막 이야기들 가운데 하나는 자신이 사막의 영성 지도자들을 보게 해달라고 하나님께 부탁드렸던 한 수도사에 대하여 우리에게 말해 줍니다. 하나님께서는 그의 기도를 들어주셨고, 그 수도사는 안토니만 빼고 모든 영성 지도자들을 다 보게 되었습니다. 그러자 그가 자기 안내자에게 물었습니다: "영성 지도자 안토니는 어디 있습니까?" 그는 그 수도사에게 하나님이 계신 곳에 안토니도 있을 거라고 대답해 주었습니다.[11]

우리는 안토니가 자신의 삶을 하나님께 온전히 몰두한 상태에서 끝마쳤다는 사실을 깨닫는 것이 매우 중요합니다. 우리 인생의 목표는 사람들이 아닙니다. 우리 인생의 목표는 바로 하나님이십니다. 그분 안에서만 우리는 우리가 찾는 안식을 누릴 수 있을 것입니다.

사막의 영성

그러므로 우리가 되돌아가야 할 곳은 바로 이 고독 속으로입니다. 그러나 혼자서는 안 됩니다. 우리의 목회나 사역을 통하여 우리가 품에 안아야 할 사람들 모두와 함께 이 고독 속으로 되돌아가야 할 것입니다.

이렇게 고독 속으로 되돌아가는 일은 우리를 세상에 보내신 바로 그 주님이 우리를 영원한 교제 속에서 함께 하자고 되부르실 때까지 계속될 것입니다.

고독

말은 현재 세계의 도구입니다.

그러나 침묵은 미래 세계의 신비입니다.

침묵 *Silence*

2

여는 말

아르세니우스는 자신의 지위와 부를 이집트 사막의 고독과 맞바꾼 로마의 교육자였습니다. 그가 "주님, 저를 구원의 길로 이끌어 주십시오!"라고 기도드렸을 때, 그는 다음과 같은 소리를 들었습니다:

침묵하여라.

침묵은 고독을 완전하게 하고 강렬하게 합니다. 이것이 사막의 영성 지도자들이 공유한 확신입니다.

침묵

영성 지도자 마카리우스에 대한 매혹적인 이야기는 이
점을 아주 잘 말해줍니다:

한때 영성 지도자 마카리우스가, 스케테에 있는 교
회의 형제들에게 축복을 베푼 다음, 그들에게 이렇게
말했습니다: "형제들이여, 피하십시오!"
그 교회의 연장자들 가운데 한 사람이 그에게 대답
하였습니다: "우리가 지금 여기 이 사막까지 와 있는
데, 어떻게 이보다 더 멀리 피할 수 있겠습니까?"
그러자 마카리우스는 자신의 손가락을 자기 입에 갖
다대더니, 이렇게 말했습니다: "이것으로부터 피하십
시오!"
그렇게 말하고는, 자기 방으로 들어가더니 문을 닫
아 버렸습니다.[1]

침묵은 고독을 실제적인 것으로 만드는 길입니다. 사막
의 영성 지도자들은 침묵이야말로 하나님께 나아가는 가장
안전한 길이라고 극찬하였습니다.

아르세니우스는 이렇게 말하였습니다:

나는 종종 말한 것을 후회할 때가 있습니다. 그러나

사막의 영성

침묵을 지킨 것에 대해서는 결코 후회해 본 적이 없습
니다.

하루는 대주교 테오필루스가 영성 지도자 팜보를 방문
하려고 사막까지 온 일이 있습니다. 그러나 팜보는 그에게
아무 말도 하지 않았습니다.

마침내 형제들이 팜보에게 "대주교님께 뭐라고 말씀 좀
하셔야죠. 그래야 그분이 교화되실 수 있지 않겠습니까?"
그의 대답은 이러하였습니다: "그가 내 침묵에 의해 교화
되지 않는다면, 내 말에 의해서도 교화될 수 없을걸세."[2]

침묵은 영성 생활을 할 때 반드시 거쳐야 할 수련입니
다. 일찍이 야고보가 혀를 "불의의 세계 그 자체"로, 그리
고 침묵을 말의 입에 재갈을 물리는 것으로 묘사한 이래
(야고보서 3장 3, 6절), 그리스도인들은 자기 절제에 이르
는 길로서 침묵을 실천하려고 노력해 왔습니다.

분명 침묵은 갖가지 다양한 상황에서 요구되는 수련입
니다. 곧 가르치고 배우는 데서, 설교하고 예배하는 데서,
심방하고 상담하는 데서.

●
침묵

침묵은 우리의 모든 목회와 사역의 과제 속에서 아주 구체적이고, 실천적이며, 유용한 수련입니다. 그것은 고독한 장소에서 우리 목회나 사역의 한복판으로 우리와 함께 옮겨질 수 있는 이동식 방처럼 보일 수도 있습니다. 침묵은 고독입니다. 그러나 그 고독은 행동으로 실천된 고독이지요.

이런 성찰을 통하여 나는 첫째로 우리가 사는 이 세상이 얼마나 말이 많아졌는지 보여드리고자 합니다. 그리고 나서 나는 이 말많은 세상에서 침묵의 가치가 얼마나 위대한지를 설명하고자 합니다. 그래서 마침내는 어떻게 침묵이 다양한 형태의 목회나 사역 속에서 하나님이 현존하시는 표징이 될 수 있는지를 알려드리고자 합니다.

사막의 영성

말많은 우리 세상

지난 몇십 년에 걸쳐서 우리 사는 세상은
말, 말, 말의 홍수로 범람을 당했습니다. 어
디를 가든 우리는 말들에 둘러싸입니다:

부드럽게 속삭이는 말,
큰 소리로 선포되는 말,
화가 나서 꽥꽥 질러대는 말;

재잘거리는 말,
낭송되는 말,

침묵

노래되는 말;

테이프레코드에서 흘러나오는 말,
책에 씌어져 있는 말,
벽에 걸려 있는 말,
하늘에서 하늘거리는 말;

갖가지 소리로 되어 있는 말,
갖가지 색깔로 되어 있는 말,
갖가지 형태로 되어 있는 말;

들려지는 말,
읽혀지는 말,
보여지는 말,
지나가는 말;

금새 유행했다가 금새 사라져버리는 말,
천천히 움직이는 말,
춤추는 말,
뛰어오르는 말,
우물쭈물하는 말.

사막의 영성

말, 말, 말! 우리 존재의 바닥과 벽과 천장이 바로 그 말들로 형형색색 꾸며져 있습니다.

말이 항상 이런 식이었던 것은 아닙니다. 지금 우리는 라디오와 텔레비전, 신호등, 양보 표지판, 합병 표지판, 범퍼 스티커, 그리고 하루 종일 깜박거리면서 가격의 오름새나 특별 세일을 알리는 광고판들에 묻혀 지내는데, 이것도 실은 그리 오래된 게 아닙니다. 이런 것들이 없던 때도 있었습니다. 오늘 이런 말 저런 말로 온 도시를 뒤덮고 있는 저 광고판들이 없던 때도 있단 말입니다.

최근에 나는 차를 몰고 로스앤젤레스를 지나가다가, 갑자기 내가 거대한 사전 한 권을 헤쳐 지나가는 것은 아닌가 하는 묘한 느낌이 들었습니다. 바라보는 곳곳마다 별별 말들이 다 있어서, 그것을 쳐다보느라 차를 제대로 운전할 수가 없을 정도였습니다.

그 말들은 이렇게 속삭이는 것 같았습니다:

나를 사용해 주세요,
나를 데려가 주세요,
나를 사 주세요,

●
침묵

나를 마셔 보세요,

나를 냄새맡아 보세요,

나를 만져 보세요,

나에게 키스해 주세요,

나와 함께 잠을 자요.

이런 세상에서 누가 말을 계속 존중할 수 있겠습니까?

이 모든 것이 시사하는 바가 있다면 무엇일까요? 그것은 말들이, 물론 나 자신의 말을 포함해서, 그 창조적인 힘을 잃어버렸다는 사실입니다. 무한정 늘어만 가는 말들 때문에 우리는 그 말들을 신뢰할 수가 없게 되었습니다. 그래서 가끔은 이런 생각이 들기까지 합니다: "그건 말일 뿐이야."

교사들은 학생들에게 6년, 12년, 18년, 그리고 때로는 24년간이나 말을 합니다. 그러나 학생들은 그 많은 세월 속에서 종종 이런 느낌을 지울 수 없습니다: "그건 말 뿐이었어."

설교가들은 주마다 그리고 해마다 설교의 홍수 속에 살아갑니다. 그러나 그 설교를 듣는 교인들은 전혀 변화가

사막의 영성

없고, 이런 생각마저 합니다: "그건 말뿐이야."

정치가, 사업가, 성직자, 종교지도자들은 "사시사철 시
시로 때때로" 연설을 하고 성명을 발표합니다. 그러나 그
말을 듣는 이들은 이렇게 말합니다: "그건 말일 뿐이
야……마음을 심숭생숭하게 만드는 또 하나의 말장난일 뿐
이야."

이것은 결국 말의 주된 기능—곧 의사소통—이 더 이상
실현되지 못하고 있음을 뜻합니다. 말은 더 이상 통하지
않습니다. 더 이상 친교를 촉진시키지도 못합니다. 더 이
상 공동체를 창조하지도 못합니다. 따라서 생명을 주지도
못합니다. 말은 더 이상 사람들이 서로 만나 사회를 건설
할 수 있는 신뢰할 만한 터전을 제공하지 못합니다.

내 말이 너무 과장된 것인가요? 잠시 신학교육에 초첨
을 맞추어 봅시다. 신학교육의 목표가 무엇입니까? 그것
은 뭐니뭐니해도 주 우리 하나님께 좀더 가까이 나아감으
로써, 마음을 다하고 목숨을 다하고 뜻을 다하여 그분을
사랑하고 이웃을 내 몸처럼 사랑하라(마태복음 22장 37절)
는 위대한 계명에 좀더 충실할 수 있도록 하는 것이 아니
겠습니까?

●
침묵

신학대학원이나 신학대학은 신학생들이 늘 하나님과, 같은 신학생들과, 그리고 동료 인간들과 깊은 친교를 나눌 수 있도록 이끌어 주어야 합니다.

신학교육은 우리의 온 인격이 그리스도의 마음과 점점 더 부합되도록 틀을 만들어 줌으로써, 우리의 기도하는 방식과 우리의 믿는 방식이 하나되게 하는 데 의의가 있습니다.

그러나 현재 벌어지고 있는 모습은 어떻습니까? 신학을 공부하거나 가르치는 우리는 스스로가 하나님이나 "하나님 문제들"에 대한 토론이나 논쟁이나 논증 같은 그런 복잡한 올가미에 뒤죽박죽 얽혀서, 이제는 단순하게 하나님과 대화를 나눈다거나 단순하게 하나님을 대면한다는 것이 실제적으로 불가능해진 것은 아닌가 여겨질 때가 종종 있습니다.

우리를 우리되게 하는 것이 사실 우리의 강화된 말의 능력인데, 이제는 그것이 말씀 곧 생명되시는 분을 향한 오롯한 헌신을 대체하는 초라한 꼴이 될 때가 많습니다.

신학교육에 위기가 있다면, 그것은 무엇보다도 말씀의

사막의 영성

위기입니다. 이것은 신학훈련을 할 때 비판적인 지능작업
과 그것이 요구하는 치밀한 식별이 별로 중요하지 않다는
이야기가 아닙니다.

아시듯이, 우리는 하나님의 말씀 안에서 그리고 그 말
씀을 통하여 창조되고 구원받았습니다. 그런데 우리의 말
들이 더 이상 그분의 말씀에 비추어 성찰되지 못한다면,
그 말들은 그 터전을 잃어버리게 될 것입니다. 약장수의
말처럼 사람들을 유혹하여 엉뚱한 길로 인도하고 말 것입
니다.

신학교육을 위한 환경으로 수도원보다 더 좋은 곳이 없
던 때도 있었습니다. 거기서 말들은 침묵 속에서 생겨났습
니다. 사람들은 그 말들을 통하여 더욱 더 깊은 침묵 속으
로 나아갈 수 있었습니다.

이제는 더 이상 수도원들이 신학교육의 가장 일반적인
장소가 될 수는 없지요. 그러나 그렇다고 하더라도, 침묵
은 여전히 오늘에도 꼭 필요한 요소로 남아 있습니다. 과
거에 그랬던 것처럼.

하나님의 말씀은 하나님의 영원한 침묵으로부터 생겨납

침묵

니다. 그리고 우리가 증언하고자 하는 것도 바로 침묵으로
부터 생겨난 이 말씀이지요.

사막의 영성

침묵

 침묵은 말의 집입니다.
침묵은 말에 힘을 실어줍니다.
침묵은 말에게 풍부한 결실을 가져다줍니다.

우리는 말들이야말로 자신들을 있게 한 그 침묵의 신비를 폭로하는 데 의의가 있다고까지 말할 수 있습니다.

도교 철학자인 장자는 이것을 다음과 같은 방식으로 잘 설명하고 있습니다:

낚시바늘의 목적은 물고기를 잡는 데 있습니다. 물고기가 잡히면 그 낚시바늘은 잊혀집니다. 토끼덫의 목적은 토끼를 잡는 데 있습니다. 토끼가 잡히면 그 덫은 잊혀집니다.

말의 목적은 생각을 전하는 데 있습니다. 그 생각이 이해되면 그 말들은 잊혀집니다. 내가 어디서 말들을 잊어버린 사람을 찾을 수 있겠습니까? 내가 이야기하고 싶어하는 사람이 바로 그 사람입니다.[3]

"나는 말들을 잊어 버린 사람과 이야기를 나누고 싶습니다." 이 말은 사막의 영성 지도자들 가운데 한 사람이 한 말일 수도 있습니다. 그들에게서, 말은 현재 세계의 도구이며, 침묵은 미래 세계의 신비입니다.

말을 열매맺고자 한다면, 미래 세계로부터 현재 세계로 말을 하지 않으면 안 됩니다. 따라서 사막의 영성 지도자들은 자신들이 사막의 침묵 속으로 들어가는 것을 미래 세계로 들어가는 첫 단계라고 여겼습니다.

사막의 영성 지도자들이 한 말 속에서, 우리는 침묵의 세 가지 측면을 식별할 수 있습니다. 그것들은 모두 침묵

이야말로 미래 세계의 신비라는 중심 사상을 심화하고 강
화합니다.

첫째로, 침묵은 우리를 순례자로 만들어 줍니다. 둘째
로, 침묵은 우리 내면에 타오르고 있는 불꽃을 지켜 줍니
다. 셋째로, 침묵은 우리에게 말하는 법을 가르쳐 줍니다.

침묵은
우리를 순례자로 만들어 준다

일찍이 수도원장 티토에스는 이렇게 말한 적이 있습니
다:

순례는 사람이 자기 혀를 다스려야 한다는 것을 뜻
합니다.

"순례한다는 것은 침묵한다는 것이다."(*peregrinatio
est tacere*)라는 표현은 침묵이야말로 미래 세계에 대한
최상의 예지라는 사막의 영성 지도자들의 확신을 말해 주
고 있습니다.[4]

●
침묵

　침묵에 대한 가장 흔한 논의가 있습니다. 곧 말이 사람을 쉽게 죄로 이끈다는 것이지요. 그러므로 말을 하지 않는 것이 죄에서 떠나는 가장 확실한 방법입니다.

　이런 관계를 사도 야고보도 분명히 표현한 바 있습니다:

> ……우리는 모두
> 실수를 많이 저지릅니다.
> 누구든지, 말을 하면서
> 실수를 하지 않는 사람은,
> 온 몸을 제어할 수 있는
> 온전한 사람입니다.
>
> 야고보서 3장 2절

　야고보는 죄를 짓지 않고 말한다는 것이 너무나 어렵다는 것을 조금도 의심하지 않습니다. 만일 영원한 고향을 향해 나아가는 우리의 여정에서 세상 죄에 휩싸이지 않은 채 남아있고 싶다면, 침묵이 가장 안전한 길이라는 데에도 전혀 주저함이 없습니다.

　그렇게 해서, 침묵은 영성 생활의 중심적인 수련 가운

데 하나가 되었습니다. 서양 수도생활의 아버지요 유럽 그리스도인들의 존경을 한몸에 받아온 성 베네딕트는 자신의 규율 속에서 침묵을 크게 강조하고 있습니다.

그는 다음과 같이 시편 기자의 말을 인용합니다:

내가 속으로
"나의 길을 지켜서
내 혀로는 죄를 짓지 말아야지.
악한 자가 내 앞에 있는 동안에는
나의 입에 재갈을 물려야지" 하였다.

시편 39편 1절

성 베네딕트는 자기 형제들에게 악한 말에 대해서 경고합니다. 뿐만 아니라, 선하고 거룩하고 교화하는 말들도 피하라고 이릅니다. 그것은 잠언에 기록되어 있는 말씀 때문입니다:

말이 많으면
허물을 면하기 어렵다.

잠언 10장 19절

말을 하는 것은 위험합니다. 말을 하다보니 자꾸만 우리가 바른 길에서 벗어나게 되는 것입니다.

이러한 금욕적인 가르침의 기초가 되는 중심 사상은, 말하는 것이 우리를 세상 일에 말려들게 한다는 것입니다. 그리고 세상에 얽매여 오염되지 않고 세상에 참여한다는 것은 무척 어렵다는 사실입니다.

사막의 영성 지도자들과 그들의 발자취를 따르는 이들은 모두 "대화라는 게 하나같이 이 세상에 흥미를 갖게 하고, 마음으로 자신들이 이곳에서 덜 낯설어하고 더 친근감 있게 살아가도록 만드는 경향이 있다는 것을 알았습니다."5)

이것은 우리에게 너무 세상을 초월한 듯한 소리로 들릴지도 모릅니다. 그러나 적어도 이런 생각은 감출 길이 없습니다.

곧 대화, 토론, 사교 모임, 혹은 사업상의 만남을 갖고 나올 때 뒷맛이 씁쓸할 때가 얼마나 자주 있었던가? 말은 많이 했는데 그 결과가 좋거나 충분한 결실을 맺었다고 생각된 적이 거의 없지 않았던가? 우리가 사용하는 말 가운

데 차라리 하지 말았으면 더 좋았을 뻔한 경우가 어디 한
두 번이었던가?

우리가 세상 돌아가는 사건들에 대해서 이러쿵저러쿵
말을 하지만, 실제로 우리가 그것들을 더 나은 상태로 바
꾸어 본 적이 얼마나 되는가? 우리가 사람들과 그들의 살
아가는 방식이 이러니저러니 말들을 많이 하지만, 우리 말
이 도무지 그들에게 아니 우리에게 얼마나 유익이 되었는
가?

우리가 하나님과 종교에 대해서 무진장 말들을 많이 하
지만, 그것이 우리에게 아니 다른 이들에게 얼마나 실제적
인 통찰을 가져다 주는가?

말을 하다보면, 우리의 내면 세계에 패배감만 남을 때
가 많습니다. 말을 쏟아놓고 나면, 내 자신이 마비된 것
같은 느낌, 수렁에 빠져 있는 것 같은 느낌마저 들 수도
있습니다.

종종 말을 하다보면, 가벼운 우울증에 빠지기도 합니
다. 우리 마음의 창문을 흐리게 하는 희뿌연 안개 속에서
헤매게 되기도 합니다.

침묵

간단히 말해서, 말을 늘어놓다 보면, 우리가 여행할 때 작은 마을들을 지나치게 되는데 그 가운데 한 곳에만 너무 오래 멈추어 있었다는 느낌을 갖게 됩니다. 섬기려는 마음보다는 호기심 때문에 내가 더 이러는 것 아닌가 하는 느낌도 갖게 됩니다.

말에 빠져 있다보면, 우리는 흔히 잊어버리는 게 있습니다. 곧 우리는 우리의 순례에 다른 이들이 동참할 수 있도록 초청하라고 부르심을 받은 순례자들이라는 것이지요.

순례한다는 것은 침묵한다는 것입니다. "침묵하는 것을 통하여 우리는 오늘도 순례자가 됩니다."

<h2 style="text-align:center">침묵은
내면의 불꽃을 지켜준다</h2>

둘째로, 더욱 적극적인 의미에서, 침묵은 내면의 불꽃을 보호해 준다는 것입니다.

침묵은 내면에 타오르는 종교적인 감정을 지켜 줍니다. 이 내면의 열기는 우리 안에 계시는 성령의 생명입니다.

따라서, 침묵은 하나님의 내적인 불꽃을 보살피고 살아 있게 하는 수련입니다.

포티키의 디아도쿠스는 우리에게 아주 구체적인 상을 제공합니다:

증기탕의 문이 계속 열려 있으면 안에 있는 열은 급속히 그 문을 통하여 나가 버립니다. 마찬가지로 영혼도 많은 것을 말하고 싶은 욕망 때문에 말 문을 통하여 하나님에 대한 기억을 상실하게 됩니다. 그 모든 게 아무리 좋은 말일지라도.

그런 일이 있으면 지성은 딱 들어맞는 생각이 없을지라도 만나는 사람에게는 누구에게나 혼동된 사상을 퍼붓습니다. 환상에 얽매이지 않은 채 자신을 이해할 수 있도록 해주시는 성령이 더 이상 안 계시는 것처럼.

가치있는 생각이란 언제나 수다를 피하는 것입니다. 혼동이나 환상과는 별개이지요. 그래서, 때에 알맞은 침묵은 매우 귀중합니다. 그것은 가장 지혜로운 생각들의 어머니와 같기 때문입니다.[6]

디아도쿠스의 이같은 말은 "나눔"이 가장 중요한 덕목

침묵

가운데 하나가 되어버린 우리의 현대적인 생활양식의 비위에 거슬립니다.

우리는 느낌, 정서, 그리고 우리 영혼의 내적인 충동까지도 다른 이들과 나누어야 한다고 믿어 왔습니다.

"이것을 저와 나누어 주셔서 감사합니다."
"이것을 당신과 나누게 되어 좋았습니다."

이같은 표현들은 우리 증기탕의 문이 거의 대부분 열려 있음을 보여줍니다.

사실, 자신의 내면 생활을 비밀로 하기 좋아하고 드러내지 않는 사람은 불안을 조성하는 경향이 있습니다. 스스로를 억압하는 사람으로, 비사교적인 사람으로, 또는 단지 괴짜 정도로 여겨지기도 합니다.

그러나 우리가 분별없이 나누는 일에만 급급해 하는 방식이 덕이라기보다는 강박적인 것이 아닌가 하는 문제를 살짝 제기해 볼 필요가 있습니다. 그것들은 공동체를 창조해 낸다기보다는 우리 생활을 모조리 단조롭게 만들어 버리는 경향이 있습니다.

사막의 영성

종종 우리는 나눔에 관한 모임을 마치고 집으로 돌아올 때, 뭔가 소중한 것을 빼앗긴 듯한 느낌이나 거룩한 땅을 짓밟힌 것 같은 느낌이 들 때가 있습니다.

제임스 해너이는 사막의 영성 지도자들이 한 말들에 대하여 논평을 하면서 이렇게 기록하고 있습니다:

> 입은 어떤 악이 들어오는 문이 아닙니다. 귀도 눈과 같은 그런 문입니다. 입은 단지 나가는 문입니다. 그들(사막의 영성 지도자들)이 내보내기를 두려워하는 게 도대체 무엇이겠습니까?
> 문이 열려 있을 때 도둑이 마굿간에서 말을 끌어가 버리는 것처럼, 누군가가 그 영성 지도자들의 가슴에서 훔쳐가 버릴지도 모르는 게 도대체 무엇이겠습니까? 그것은 종교적인 감정의 힘 이외에는 다른 아무것도 아닐 수 있습니다.[7]

지켜져야 할 필요가 있는 것은 우리 안에 계시는 성령의 생명입니다. 특히 세상에서 하나님의 성령의 임재를 증거하고자 하는 우리는 최대한 조심스런 태도로 내면의 불꽃을 돌보아야 할 필요가 있습니다.

침묵

많은 사역자나 목회자가 탈진하게 됩니다. 많은 말을
하고 많은 경험을 나누는 사람들인데도 그 속에 하나님의
성령의 불꽃이 죽어 있습니다.

그 속에서 나오느니 지루함뿐입니다.
옹졸한 생각과 느낌들뿐입니다.
이런 현상이 그리 낯선 게 아닙니다.

때때로 우리의 많은 말들은 우리의 신앙을 표현한 것이
라기보다는 우리의 의심을 내보인 것처럼 보입니다. 그것
은 마치 우리가 하나님의 성령께서 사람들의 마음을 어루
만지실 수 있다는 사실을 확신하지 못하는 것과 같습니다.

그래서 우리는 그분을 도와드려야만 합니다. 그리고 많
은 말로, 다른 이들에게 그분의 능력을 확신시켜 주어야
합니다. 그러나 그 불꽃을 꺼트리는 것은 다름 아니라 바
로 이 말많은 불신앙입니다.

무엇보다도 우리의 최우선 과제는 내면의 불꽃을 충실
하게 돌보는 것입니다. 그래야 진짜 필요한 순간, 그것은
길 잃은 여행객들에게 따뜻함과 빛을 제공할 수 있습니다.

사막의 영성

　이것을 네덜란드의 화가 빈센트 반 고흐보다 더 확신을 가지고 표현한 사람은 아무도 없습니다:

　　우리 영혼 속에는 큰 불이 있는지도 모릅니다. 그러나 일찍이 아무도 그 불에 자신의 몸을 녹이려고 온 사람은 없습니다.
　　지나가는 사람은 단지 굴뚝에서 모락모락 피어오르는 작은 연기를 보고 자신들의 길을 갈 뿐입니다. 여기 좀 보십시오, 그렇다면 이제 우리가 해야 할 일이 무엇이겠습니까?
　　모름지기 사람은 내면의 불꽃을 돌보아야 합니다. 자신 안에 소금을 지녀야 합니다. 오래 참고 기다려야 합니다. 그러나 누군가가 와서 앉을—아니 머무를지도 모를—그 시간을 얼마나 많은 인내심을 가지고 기다려야 한단 말일까요?
　　하나님을 믿는 이여, 그대가 할 수 있는 건 오직 한 가지, 조만간 오게 될 그 시간을 기다립시다.[8]

　빈센트 반 고흐는 여기서 사막의 영성 지도자들이 품었던 그 절박한 심정과 마음으로 말을 합니다. 그는 지나가는 사람이 굴뚝에서 모락모락 피어오르는 연기만 보는 게 아니라 그 불꽃을 볼 수 있도록 문이란 문은 모조리 다 열

침묵

어제치고 싶은 유혹에 대해서도 알고 있었습니다.

그러나 그는 만일 이런 일이 생겼을 경우 그 불꽃은 죽어버렸을 것이고, 아무도 따뜻함과 새로운 힘을 발견하지 못했을 것이라는 사실도 확실히 깨달았습니다.

그 자신의 삶이야말로 내면의 불꽃을 충실하게 반영해 주는 힘있는 본보기입니다. 그가 살아있던 동안에는 그의 불을 쬐려고 다가와 앉는 사람이 아무도 없었습니다. 그러나 오늘에는 수많은 이들이 그의 스케치와 그림과 편지 속에서 위로와 위안을 발견하고 있습니다.

섬기는 일에 뛰어든 사역자나 목회자에게 가장 큰 유혹이 있다면, 그것은 너무 많은 말을 해야 한다는 것입니다.

그 많은 말들 때문에 우리의 신앙이 약화됩니다. 그 많은 말들 때문에 우리는 이것도 아니고 저것도 아닌 냉담한 모습을 내비치게 됩니다.

그러나 침묵은 거룩한 수련입니다. 침묵을 통해서만 우리는 성령을 지킬 수 있습니다.

사막의 영성

침묵은
말하는 법을 가르쳐준다

  침묵이 미래 세계의 신비로서 자신을 드러내는 세 번째 방법은 우리에게 말하는 법을 가르쳐 주는 것을 통해서입니다.

  힘있는 말은 침묵으로부터 나온 말입니다. 열매를 맺는 말은 침묵으로부터 나와서 침묵으로 돌아가는 말입니다. 침묵으로부터 나와서 우리를 다시 그 침묵으로 이끄는 침묵, 바로 그 침묵을 우리에게 상기시키는 것이 다름 아닌 말입니다.

  침묵에 뿌리를 두지 않는 말은 약하고 힘없는 말입니다. "울리는 징이나 요란한 꽹과리"(고린도전서 13장 1절)처럼 들려옵니다.

  이 모든 것은 사실입니다. 말이 나온 그 침묵이 비어 있거나 부재하지 않고, 오히려 충만하고 현존할 때만 사실입니다. 그 침묵이 당혹감과 수치와 죄책으로 물든 인간적 침묵이 아니라, 오히려 사랑이 안전하게 깃들어 쉬고 있는 신적인 침묵일 때만 이 모든 게 사실입니다.

●
침묵

여기서 우리는 하나님 자신이 말씀하시는 신비, 곧 침묵과 바로 그 말씀을 통하여 참여하는 위대한 신비를 어렴풋하게나마 볼 수 있습니다. 하나님께서는 자신의 영원한 침묵으로부터 바로 그 말씀을 선포하셨습니다. 바로 이 말씀을 통하여 세상을 창조하시고 재창조하셨습니다.

태초에 하나님께서는 땅과 바다와 하늘을 말씀하셨습니다. 그분은 해와 달과 별들을 말씀하셨습니다. 그분은 식물과 새들과 물고기와 들짐승과 집짐승을 말씀하셨습니다. 마지막으로 그분께서는 남성과 여성을 말씀하셨습니다.

그리고 나서, 때가 차자, 하나님의 말씀은—만물이 그 말씀을 통하여 창조되었지요—육신이 되셨습니다. 그리고 믿는 이들 모두에게 능력을 주시어 하나님의 자녀가 되게 하셨습니다.

이 모든 것 속에서, 하나님의 말씀은 하나님의 침묵을 깨트리시지 않습니다. 그보다는 오히려 헤아릴 수 없을 정도로 풍요로우신 그분의 침묵을 드러내십니다.

수도사들은 이집트 사막으로 들어감으로써 신적인 침묵에 참여하고자 하였습니다. 그들은 자신들의 백성이 필요

사막의 영성

로 하는 것에 대하여 바로 이 침묵으로부터 말함으로써 신
적인 말씀의 창조적이고 재창조적인 능력에 참여하고자 노
력하였습니다.

말들은 오직 그 근원지인 침묵을 감싸안을 때에만 친교
와 그에 따른 새 생명을 창조할 수 있습니다. 우리가 우리
의 말로 남의 이목을 끌려고 한다면, 그리고 우리 자신을
방어하거나 다른 이들을 공격하는 데 말들을 사용하려고
한다면, 그 말은 이제 더 이상 침묵에 대해서 말하지 않습
니다.

그러나 그 말이 그 자신의 침묵 속에 깃들어 있는 치유
하고 회복시키는 고요함을 불러일으킨다면, 말은 거의 필
요치 않습니다. 곧 많은 말을 하지 않고도 많은 것을 말할
수 있습니다.

따라서 침묵이야말로 미래 세계의 신비입니다. 침묵을
통하여 우리는 계속해서 순례자로 남게 됩니다. 침묵함으
로써 우리는 이 세상의 갖가지 염려들에 얽매이지 않게 됩
니다.

그 침묵이 우리 안에 거하시는 성령의 불꽃을 지켜 줍

침묵

니다. 바로 이 침묵을 통하여 우리는 하나님 자신의 말씀
이 지닌 창조적이고 재창조적인 능력에 참여하는 말을 할
수 있게 됩니다.

침묵의 사역

이제 우리에게 남아 있는 문제는 이런 것입니다. 곧 우리가 어떻게 침묵의 목회나 침묵의 사역을 실천하여야, 그 속에서 우리의 말이 하나님의 충만하신 침묵을 대변할 능력을 지니게 할 수 있겠는가?

이것은 중요한 문제입니다. 그것은 우리가 너무나 말 많은 세상에 오염되어, 우리의 말이 우리의 침묵보다 더 중요하다는 거짓된 견해에 사로잡혀 있기 때문입니다.

그러므로 우리 목회나 사역이 우리 회중들을 하나님의

침묵으로 이끄는 것이 되게 하기 위해서는 엄격한 수련이
요구됩니다.

그것은 예수께서 우리에게 주신 과제입니다. 예수님의
사역은 온통 자신을 떠나서 자신을 보내신 성부께 향해져
있었습니다.

그래서 예수님은 제자들에게 이렇게 말씀하셨습니다:

> 내가 너희에게 하는 말은
> 내 마음대로 하는 것이 아니다.
> 아버지께서 내 안에 계시면서,
> 자기의 일을 하신다.
>
> 요한복음 14장 10절

예수, 그분은 육신이 되신 하나님의 말씀이셨습니다.
그분께서는 자신에게 주의를 끌기 위해서가 아니라 자신의
성부께 나아가는 길을 내보이시기 위하여 이렇게 말씀하셨
습니다:

> 나는 아버지에게서 떠나서
> 세상에 왔다.

사막의 영성

나는 세상을 두고
아버지께로 간다.

요한복음 16장 28절

나는 너희가 있을 곳을
마련하러 간다……
내가 있는 곳에
너희도 함께 있게 하겠다.

요한복음 14장 2-3절

예수님의 이름으로 하는 목회나 사역이 되기 위해서는, 우리의 목회나 우리의 사역도 우리의 말을 넘어, 말로 다 할 수 없는 하나님의 신비를 가리켜야 합니다.

우리가 직면하고 있는 주된 문제 가운데 하나는 이 소란스런 사회에서 침묵은 이제 매우 두려운 것이 되어 버렸다는 사실입니다.

많은 이들이 침묵을 충만하고 풍요로운 것으로가 아니라, 공허하고 속이 텅 비어 있는 것으로 경험합니다. 그들에게 침묵은 자신들을 집어삼키려 입을 딱 벌리고 있는 심연과 같습니다.

●
침묵

한 목회자가 예배 도중에 "잠시 침묵을 지킵시다."라고 말하면, 회중들은 금새 불안해지고 오로지 한 가지 생각, "이 침묵이 대체 언제 끝나려나?"하는 것에만 몰두하는 경향이 있습니다.

강요된 침묵은 종종 적대감과 분개를 일으키기도 합니다. 예배 도중 침묵을 경험해 본 많은 목회자나 사역자들은 침묵이 신적인 것이라기보다 마성적인 것일 수 있다는 사실을 이내 발견하고, 그 침묵을 "계속 말하세요."라는 신호로 재빨리 돌려 이해해 왔습니다.

목회나 사역의 형태를 보면, 대부분 침묵을 정밀하게 회피하고 있습니다. 그 침묵이 자아내는 불안을 떨쳐버리려는 것이지요. 쉽게 이해할 수 있는 대목입니다.

그러나 모든 목회나 사역의 목표는 하나님이시야말로 공포의 하나님이 아니라 사랑의 하나님이시라는 사실을 드러내는 것이 아닐까요?

그리고 이것은 공허한 침묵을 충만한 침묵으로, 염려스러운 침묵을 평화스러운 침묵으로, 불안한 침묵을 편안한 침묵으로 친절하고 조심스럽게 변형시킴으로써 성취될 수

사막의 영성

있지 않을까요? 그래야 이 변형된 침묵 안에서 사랑스런 성부와 진정으로 만날 수 있지 않을까요?

우리 말을 통하여 사람들이 자신의 침묵과 친구가 될 수 있다면, 우리 말이 지니고 있는 그 능력이란 도대체 무엇일까요? 이제 이런 일이 일어날 수 있는 몇 가지 구체적인 방법을 기술해 보도록 하겠습니다.

침묵과 설교

우리의 설교는, 그것이 좋을 때, 흥미를 끌거나 감동을 주고 있습니다. 때로는 흥미와 감동을 동시에 주는 설교도 있지요. 지성과 마음을 자극하여 새로운 통찰이나 새로운 느낌을 가져다주기도 합니다. 이것은 가치도 있고 꼭 필요하기도 합니다.

그러나 거기에는 또다른 선택의 자유가 있습니다. 그것은 우리가 작은 공동체와 함께 일할 때 특히 적합한 것입니다. 설교 방식 가운데, 성경 말씀을 조용히 정기적으로 반복하면서, 여기저기서 짧은 주석을 다는 방식이 있습니다. 그 말씀을 통하여 우리가 우리 주님의 음성을 들을 수 있는 내적 공간을 창조하도록 하기 위해서이지요.

만일 성경 말씀이 우리를 하나님의 침묵 속으로 이끌어야 하는 것이 사실이라면, 우리는 그 말씀을 사용하는 데 조심스러워야 합니다. 단순히 흥미를 끌거나 감동시키는 말만이 아니라, 사랑과 돌봄과 친절이 가득한 모습으로 다가오시는 하나님의 음성에 귀기울일 수 있는 울타리를 창조하는 말로 사용할 수 있어야 합니다.

설교를 듣는 사람들은 대부분 설교자를 똑바로 주시합니다. 그리고 그것은 아주 당연한 것이지요. 남성이든지 여성이든지 설교자라면 지금 선포되고 있는 그 말에 주목해 줄 것을 요구하고 있기 때문입니다.

그러나 그런 식으로 선포된 말이 서서히 그 관심을 강대상에서 회중들의 마음 속으로 옮겨가, 거기서 그 말이 있기에 안전한 내적 침묵을 드러내는 일도 가능합니다.

"주님은 나의 목자이십니다!"라는 간단한 말들을 그런 식으로 조용히 그리고 끊임없이 되뇌임으로써, 그 말들이 하나님의 목양을 감지할 수 있는 뜰 주변의 울타리처럼 되게 할 수 있습니다.

이 말들은 처음에는 한낱 흥미있는 은유로밖에 보이지 않을 수도 있습니다. 그러나 서서히 그것들은 머리에서 가슴으로 내려올 수 있습니다. 거기서 이 말들은 내적 변화가, 인간의 모든 말과 개념을 초월하는 하나님에 의해서, 일어날 수 있는 상황을 제공합니다.

그리하여, "주님은 나의 목자이십니다!"라는 말들은 우리가 그분의 사랑스런 현존 안에 거할 수 있는 고요한 목장으로 이끕니다. 설교자는 바로 그분의 이름 안에서 말을 하고 있는 것이지요. 이런 묵상적인 설교야말로 침묵의 목회나 침묵의 사역을 실천할 수 있는 오롯한 외길입니다.

침묵과 상담

여러분은 상담을 어떻게 이해하고 있습니까? 많은 이들은 한 사람이 다른 이의 말을 주의깊게 듣고 그가 또는 그녀가 자신을 더 잘 이해하고 정서적으로 더 큰 독립을 이룰 수 있도록 안내해 주는 것이라고 봅니다.

그러나 목사와 내담자가 관계의 경험을 통하여 하나님의 사랑스런 침묵 속으로 함께 들어가, 거기서 치유하시는

●
침묵

말씀을 기다리는 방법이 될 수도 있습니다.

성령은 신적인 상담자라고 불립니다. 성령은 하나님의 뜻을 식별하기 위해 함께 나아온 저들의 삶 속에 적극적으로 현존하십니다.

바로 이런 이유 때문에, 인간적인 상담자들은 자기 교인들이 신적인 상담자의 움직임을 인식할 수 있도록 도와주고, 그들이 이런 움직임을 두려움 없이 따를 수 있도록 격려해 주는 일을 자신들의 우선적인 과제라고 보아야 합니다.

이런 과정에서, 목회상담은 두려움에 가득 찬 교인들을 하나님의 침묵으로 이끌어, 그들이 거기서 편안함을 느낄 수 있도록 돕고자 하는 시도입니다. 그들이 서서히 성령의 치유하시는 현존을 발견하게 되리라는 사실을 신뢰하면서.

이것은 인간적인 상담자가 성경의 말씀들에 매우 민감할 필요가 있다는 것을 암시합니다. 여기서 성경의 말씀들은 하나님의 침묵에서 흘러나와 특수한 환경에 처한 특수한 사람들에게 지시된 말씀들이지요.

상담자가 성경으로부터 나온 말을 교인이 들을 수 있는 특별한 순간에 언급할 때, 진정 그것은 두려움의 거대한 벽을 허물고 예기치 않던 관점까지도 열리게 할 수 있습니다. 그 때 그러한 말은 그것이 나오고 그것이 돌아갈 신적인 침묵을 불러일으킵니다.

침묵과 조직

마지막으로, 나는 목회자나 사역자가 자기 자신의 삶과 다른 이들의 삶을 조직하는 방법들 가운데 침묵의 중요성을 강조하고 싶습니다.

환대와 오락을 무엇보다도 중요한 일로 여기는 사회에서, 목회자나 사역자들도 다른 이들을 계속 분주하게 하는 것이 가장 우선적인 과제라고 여기는 이들의 부류에 가담하라는 유혹을 받고 있습니다.

목회자나 사역자들은 자신들이 하는 것보다 무언가 더 자극적인 것을 제공하는 사람들이나 기관들과 격심한 경쟁에 빠져 있는 자신의 모습을 자주 발견하곤 합니다.

그러나 우리의 과제는 오락과 정반대되는 것입니다. 우리의 과제는 사람들이 자신의 삶 속에서 하나님의 적극적인 현존을 실제적이나 가끔은 숨겨져 있는 사건에 집중하도록 도와주는 것입니다.

따라서, 한 교회 안에서 모든 조직 활동을 지도해야 할 때 가장 중요하게 다루어야 할 문제는 어떻게 해야 사람들을 계속 바쁘게 할 것인지가 아닙니다. 문제는 어떻게 해야 사람들을 너무 바쁘지 않게 하느냐 하는 것입니다. 침묵 속에서 말씀하시는 하나님의 음성을 계속 들을 수 있도록.

그러므로 사람들을 함께 부르는 것은 그들을 파편화시키고 산란하게 만드는 많은 말들로 가득 찬 어두운 세상으로부터 그들 자신을, 서로를, 그리고 하나님을 발견할 수 있는 침묵으로 불러내는 것을 뜻합니다.

그래서 조직하는 것은 친교가 가능하게 되고 공동체가 발전할 수 있는 어떤 공간을 창조하는 것으로 보일 수 있습니다.

설교와 상담과 조직에서 이러한 침묵의 예들은 어떻게

사막의 영성

침묵이 우리 목회나 사역의 실천적인 모습을 결정하도록 도울 수 있는지를 예증하는 데 의의가 있습니다.

그러나 침묵에 대해서 너무 문자적으로 매달리지는 맙시다. 결국, 마음의 침묵이 입술의 침묵보다 훨씬 더 중요합니다.

영성 지도자 포에멘은 이렇게 말하였습니다:

> 어떤 사람이 침묵하고 있는 것처럼 보일 수도 있습니다. 그러나 그의 마음이 다른 이들을 정죄하고 있다면, 그는 끊임없이 뇌까리고 있는 것입니다. 그러나 또다른 어떤 사람은 아침부터 저녁까지 말하는 사람일 수도 있으나, 그야말로 진실로 침묵을 지키고 있는 사람입니다.[9]

침묵은 원래 늘 성장하는 자비로 이끄는 마음의 성향입니다. 한번은 어떤 방문객이 한 은둔자에게 "당신이 당신의 규칙을 깨뜨리게 해서 죄송합니다."라고 말하였습니다. 그러나 그 수도사는 이렇게 대답하였습니다:

> 내 규칙은 나를 보러 온 이들에게 환대의 미덕을 실

천하고 그들을 편안하게 집으로 되돌려 보내는 것입니다. [10]

침묵이 아니라 자비가 영성 생활의 목적입니다. 목회나 사역의 목적도 물론 그렇습니다. 이것에 대하여 사막의 영성 지도자들은 그 누구도 이의를 제기하지 않습니다.

사막의 영성

닫는 말

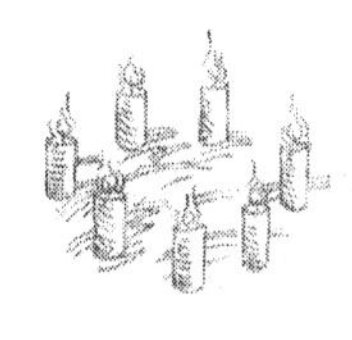 아, 벌써 이렇게 침묵에 관한 나의 반성이
끝부분에 이르게 되었군요.

우리가 사는 이 말많은 세상에서는, 이미 말은 그 의사
소통의 능력을 잃어 버렸습니다. 이런 상황에서 우리의 지
성과 마음이 미래 세계에 닻을 내리도록 도울 수 있는 것
은 침묵뿐입니다.

우리가 바로 거기서부터 현재 세계로 창조적이고 재창
조적인 말을 할 수 있는 것도 침묵 없이는 되지 않습니다.

●
침묵

이렇듯 우리가 우리의 목회나 사역을 실천할 때 구체적인 지침을 얻을 수 있는 것도 다 침묵을 통해서입니다.

사막의 영성 지도자들이 단순히 말을 하지 않는 것이 매우 중요한 실천이라고 믿었다는 데에는 전혀 의심의 여지가 없습니다. 너무나도 자주 우리의 말들은 불필요하고, 진실하지 않으며, 피상적입니다.

사람들이 우리의 말보다 우리의 침묵에 따라 좀더 나은 섬김을 받을 수 없다면, 저마다 새로운 상황 속에서 의아하게 여기는 것도 좋은 수련입니다.

그러나 이러한 사실을 인정할 때, 우리는 사막으로부터 들려오는 좀더 중요한 메시지를 듣게 됩니다. 곧 침묵은 무엇보다도 마음의 성향이라고. 우리가 다른 이들과 대화를 나눌 때조차도 우리와 함께 머무를 수 있는 것이라고.

침묵은 우리가 어디를 가든지 꼭 챙겨가야 할 이동식 방입니다. 우리가 궁핍한 이들에게 말하는 것도 침묵으로부터요, 우리의 말들이 열매를 맺은 뒤 우리가 돌아가는 곳도 침묵에게입니다.

사막의 영성

바로 이 이동식 방 안에서 우리는 신적인 침묵 속에 깊이 빠져 있는 자신의 모습을 발견합니다.

우리가 펼쳐가는 침묵의 목회와 침묵의 사역에서 마지막 문제는 우리가 말을 많이 하느냐 적게 하느냐가 아닙니다. 문제는 우리의 말들이 하나님께서 친히 돌보시는 그런 침묵을 불러일으키냐 하는 것입니다.

바로 이 침묵을 향하여 우리는 모두 부르심을 받았습니다. 말은 현재 세계의 도구입니다. 그러나 침묵은 미래 세계의 신비입니다.

침묵

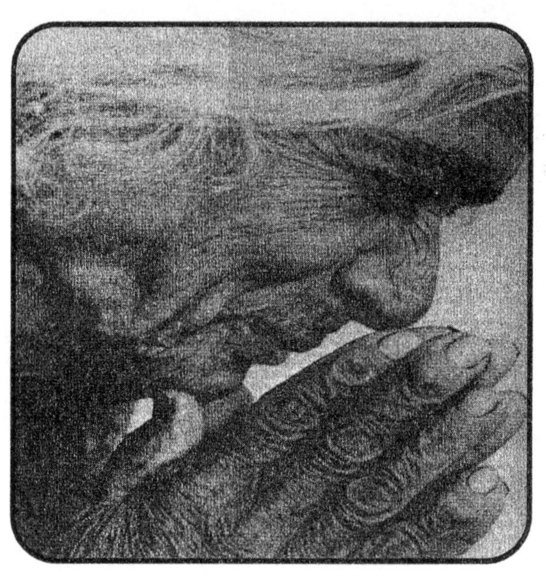

"주 예수 그리스도여,

저희에게 자비를 베풀어 주십시오!"

기도 *Prayer*

3

여는 말

아르세니우스가 두 번째로 "주님, 저를 구원의 길로 이끌어 주십시오."라고 간청했을 때, 그에게 들려온 음성은 "침묵하라"는 말뿐만 아니라, "늘 기도하라"는 말도 있었습니다.

늘 기도하는 것—이것은 사막 생활의 진정한 목적입니다. 고독과 침묵은 쉬지 말고 기도하라는 부르심과 뗄레야 뗄 수가 없습니다.

만일 고독이 주로 바쁜 일에서 도피하는 것이고, 침묵

이 주로 시끄러운 환경에서 도피하는 것이라면, 그 고독과 침묵은 쉽게 자기밖에 모르는 금욕주의가 되고 말았을 것입니다. 그러나 고독과 침묵은 기도를 위한 것입니다.

사막의 영성 지도자들은 고독을 자기 홀로 있는 것으로 생각지 않고, 하나님과 홀로 있는 것으로 생각하였습니다. 그들은 침묵을 말하지 않는 것으로 생각지 않고, 하나님의 음성을 귀기울여 듣는 것으로 생각하였습니다. 고독과 침묵의 자리는 바로 이렇게 기도가 드려지는 자리입니다.

"늘 기도하라"는 말의 축어적인 번역은 "와서 쉬어라"입니다. "쉰다"에 해당하는 헬라어는 헤시키아(*hesychia*)입니다. 그리고 영어로 헤서케즘(*hesychasm*)은 사막의 영성을 가리키는 용어입니다. 헤서케스트(*hesychast*)는 쉬지 않는 기도에 이르는 방법으로 고독과 침묵을 추구하는 남성이나 여성입니다.

헤서케스트들의 기도는 안식의 기도입니다. 그러나 이러한 안식은 갈등이나 고통이 없다는 게 전혀 아닙니다. 그런 것과는 무관하지요. 그것은 날마다 아주 격렬하게 밀려드는 투쟁의 한복판에서 하나님 안에 안식을 누리는 것입니다.

사막의 영성

영성 지도자 안토니는 동료 수도사에게 그 의미를 이렇게까지 말합니다:

> 그것은 한 사람에게 정말 위대한 일이 아닐 수 없네……자신의 목숨이 다하기까지 온갖 유혹을 견뎌내야만 해.

hesychia, 곧 끊임없는 기도로부터 우러나오는 안식은 어떤 일이 있더라도 추구해야 할 필요가 있습니다. 설령 육신이 근질근질하고, 세상이 유혹하고, 마귀들이 시끄럽게 군다고 할지라도.

사막의 여성 영성 지도자 가운데 한 사람인 마더 테오도라는 이 사실을 아주 분명하게 밝힙니다:

> ……여러분이 분명히 깨달아야 할 사실이 있습니다. 여러분이 평화롭게 살고자 마음을 먹는 바로 그 순간, 곧바로 악이 다가와서 권태감(*accidie*)과 나약함과 악한 생각들을 통하여 여러분의 영혼을 짓누를 것입니다. 또 그 악은 무릎과 그 밖의 모든 지체를 병들게 하고 쇠약하게 하고 나약하게 함으로써 여러분의 몸을 공격할 것입니다.

그 악은 영혼과 육신의 힘을 소진시킴으로써, 수도
사 스스로가 '나는 이제 병들어 더 이상 기도할 수가
없겠구나'라고 믿게 만듭니다. 그러나 우리가 경계를
늦추지만 않는다면, 이 모든 유혹들은 사라지게 되어
있습니다.[1]

비록 무릎이 나약하다는 게 우리의 주된 불평거리가 아
닌 것처럼 보일지라도, 우리 사역자들에게는 기도를 멀리
하고자 할 때 딱 좋은 구실이 될 수 있습니다. 종종 그 변
명들은 아주 세련되어 보이기도 합니다.

그러나 초기 사막의 영성 지도자들에게 그랬던 것처럼,
기도는 우리에게도 중요합니다. 그러므로 이제부터 우리의
일상 생활에서 기도의 역할을 탐구해 보도록 하겠습니다.

나는 먼저 우리가 기도를 주로 지성의 활동으로 보려는
경향에 대하여 나의 의구심을 드러낼 것입니다. 그리고 나
서 나는 헤서케스트들의 기도를 마음의 기도로 제시하고
싶습니다. 마지막으로, 이 마음의 기도가 우리 일상 사역
이나 목회의 중심이 되게 하기 위해서 어떤 형태의 수련이
요구되는지를 내보이고자 합니다.

지성의 기도

기도가 중요하다는 것을 부인할 목회자나 사역자는 거의 없을 것입니다. 그들은 기도야말로 자신의 삶 가운데 가장 중요한 차원이라는 사실에도 부인하지 않을 것입니다. 그러나 사실은 대부분의 목회자나 사역자들이 기도를 아주 조금밖에 하지 않거나 전혀 하지 않고 있는 실정입니다.

그들은 자신들이 기도하는 것을 잊어버리지 말아야 한다는 것을 알고 있습니다. 기도할 시간을 내야 한다는 것도 잘 알고 있습니다. 그리고 자신들의 삶 속에서 기도가 가장 중요해야 한다는 것도 알고 있습니다.

그러나 이 모든 "해야 할 것들"(shoulds)은 일에 파묻혀 사는 활동주의의 거대한 장애물을 뛰어넘을 만한 능력을 지니고 있지 못합니다.

전화를 해야 할 곳이, 편지를 써야 할 곳이, 심방을 해야 할 곳이, 가야 할 모임이, 읽어야 할 책이, 참석해야 할 파티가 늘 한 군데 더 있습니다. 이런 것들이 한꺼번에 몰려들어 도저히 주체할 수 없는 활동들로 산더미를 이룹니다.

기도를 생각하는 데 대해서는 크게 지지하는데, 기도를 실천하는 데 대해서는 전혀 지지가 없습니다. 이 둘 사이의 대조가 너무도 눈에 확 띕니다. 그래서 여성 영성 지도자 테오도라가 아주 생생하게 자세히 기술했던 악한 것의 계략에 너무 쉽게 넘어가고 맙니다.

이 악마적 계략 가운데 하나는 우리가 기도를 주로 지성의 활동이라고 생각하게 만드는 거지요. 거기에는 무엇보다도 먼저 우리의 지성적인 능력이 포함됩니다.

사막의 영성

이러한 편견 때문에 기도를 하나님과 이야기를 나누는 것이라느니, 하나님에 대해서 생각하는 것이라느니 하는 식으로밖에 여기지 않는 것입니다.

우리들 대부분에게는 기도가 하나님과 이야기를 나누는 것에 지나지 않습니다. 그리고 그것은 보통 아주 일방적인 일로 여겨지기 때문에, 기도는 단순히 하나님께 말하는 것만을 의미합니다.

이러한 생각은 엄청난 좌절을 낳기에 충분합니다. 만일 내가 하나의 문제를 제시하면, 나는 그 해결책을 기대합니다. 만일 내가 질문을 만들어 내면, 나는 그 대답을 기대합니다. 만일 내가 지도를 요청하면, 나는 그 반응을 기대합니다.

그런데 점점 날이 갈수록, 내가 어둠 속에다 대고 말하고 있다고 여겨질 때, 내가 하나님과 나누는 대화가 사실은 독백이 아닐까 하는 의구심이 곧 들기 시작하는 것은 전혀 이상한 게 아닙니다.

그 때 나는 나 자신에게 이렇게 묻기 시작할 것입니다: 나는 지금 진짜 누구에게 말을 하고 있는 거지? 하나님이

기도

야, 나 자신이야?

때때로 응답이 없을 때 우리는 지금 내가 기도드리는 방식이 틀린 건 아닌지 헷갈려 합니다. 그러나 대개 우리는 뭔가에 걸려들어 속았다 생각하고, "이 모든 쓸데없는 짓"을 재빨리 멈추어 버립니다.

말을 필요로 하고 반응을 보여주는 실제 사람들과 이야기를 나누는 경험을 해야 한다고 말들을 하는데, 꽤 이해가 되는 말입니다. 숨바꼭질의 명수인 것처럼 보이는 하나님과 이야기를 나누는 것보다 훨씬 더 의미있다고 보는 거지요.

그러나 비슷한 좌절을 안겨다 줄 수 있는 또다른 관점이 있습니다. 이것은 기도의 의미를 하나님에 대해 생각하는 것으로 제한하는 관점입니다. 우리가 이것을 기도라 부르든 묵상이라 부르든 별 차이는 없습니다.

여기에는 기본적인 확신이 깃들어 있습니다. 곧 꼭 필요한 게 있는데, 그것은 하나님과 그분의 신비에 대하여 생각을 깊이 하는 것이라는 사실입니다.

그러므로 기도는 아주 힘든 정신 작업을 요구합니다. 특히 반성적 사고가 우리의 강점들 가운데 하나가 아닐 경우, 기도는 아주 고된 것이지요.

우리가 이미 우리 지성 속에 다른 실제적이고 절박한 것들을 매우 많이 지니고 있기 때문에, 하나님에 대해서 생각한다는 것이 또 하나의 강압적인 짐이 되고 맙니다.

하나님에 대해 생각하는 것은 자연발생적인 사건이 아닌 반면에, 절박한 관심사들에 대해 생각하는 것은 아주 자연적이기 때문에, 이것은 특히 사실입니다.

하나님에 대해 생각하는 것은 하나님을 자세히 조사해 보고 분석해 볼 필요가 있는 연구 주제로 만들어 버립니다. 따라서 성공적인 기도란 하나님에 대한 새로운 지적 발견으로 이끄는 기도입니다.

심리학자는 사례를 연구하고 이용가능한 모든 자료들 속에서 일관성을 발견하고자 애씀으로써 통찰을 얻고자 합니다. 그와 꼭 마찬가지로, 기도를 잘 하는 사람은 하나님에 대해 알려진 모든 것에 대해 깊이 생각함으로써 그분을 더 잘 이해하기에 이르러야 합니다.

하나님에 대해 생각하다 보면, 또 하나님께 이야기를 하다 보면, 우리의 좌절감은 너무 커져서 거의 참을 수 없게 됩니다. 그래서 함께 기도드리는 것을 그만 두는 데에는 그리 많은 시간이 걸리지 않습니다. 책을 읽거나 논문을 쓰거나 설교문을 작성하는 것이 알려지지 않은 것에 대해 이렇듯 정신적으로 방황하는 것보다 훨씬 더 만족스럽습니다.

기도에 대한 이런 견해들은 둘 다 지성을 통하여 세상을 지배하는 데 높은 가치를 두고 있는 문화의 산물입니다. 그 지배적인 생각은 이런 것입니다: 곧 모든 것은 이해될 수 있고, 이해될 수 있는 것은 통제될 수 있다는 것이지요.

하나님 역시 해결책을 지니고 있는 하나의 문제입니다. 지성으로 격렬하게 노력함으로써 우리는 그것을 발견하게 될 것입니다.

그러므로 대학의 가운이 목회자나 사역자의 공식 복장이고, 강대상에 올라 설교할 수 있는 주된 기준 가운데 하나가 대학교 학위라는 것도 그렇게 이상한 게 아닙니다.

사막의 영성

물론 이것이 기도 생활에 지성이 놓일 자리가 없다거나, 아니면 신학적 반성과 기도가 상호 배타적이라는 것을 의미하지는 않습니다. 그러나 현대 주류 교회들의 지성주의를 과소평가 하지는 말아야 합니다.

만일 예배당 안팎에서 드리는 목회자나 사역자들의 공중기도가 자신들의 기도 생활을 드러내는 어떤 표시라면, 하나님은 확실히 세미나들에 참석하느라 바쁘십니다.

여러분의 기도 생활을 되돌아 보세요. 기도한답시고 마음을 그 한계를 넘겨 혹사시키고 있지는 않습니까? 이미 스케줄판은 꽉 차 있는데, 거기다 기도한답시고 또 한 가지 더 피곤해 죽을 것같은 활동을 첨가하고 있지는 않습니까? 이런 상황에서 어떻게 우리가 누군가가 기도 생활을 통하여 진정한 양육과 위안과 위로를 발견할 수 있기를 기대할 수 있겠습니까? 그게 가능하다고 보십니까?

지난 십 년 동안, 많은 이들이 지성의 한계를 발견하였습니다. 더욱 더 많은 사람들이 자신들이 필요로 하는 것은 흥미있는 설교나 흥미있는 기도보다 훨씬 더 중요한 그 무엇이라는 것을 깨닫고 있습니다.

기도

그들이 의아하게 여기는 것은, 어떻게 하면 자신들이 진정으로 하나님을 체험할 수 있겠는가 하는 것입니다. 성령 운동은 이렇듯 새로운 방식으로 기도하고 싶어하는 데 대한 명백한 반응입니다. 선(禪)이 대중화되거나 여러 교회들에서 각종 만남 기법들이 실험되고 있는 것도 하나님을 체험하고자 하는 새로운 갈망의 표시입니다.

갑자기 우리는 자신이 "우리에게 기도하는 법을 가르쳐 주세요."라고 말하고 있는 사람들로 둘러싸여 있음을 발견합니다. 그리고 갑자기 우리는 우리 자신도 모르는 영역으로 통하는 길을 보여달라는 요청을 받고 있음을 알게 됩니다.

우리의 기도 생활에 위기가 있다면, 그것은 우리 지성들은 하나님에 관한 생각들로 가득 채워질 수 있는 반면에 우리 마음은 여전히 그분과 멀리 떨어져 있다는 사실입니다.

진정한 기도는 마음으로부터 나옵니다. 사막의 영성 지도자들이 우리에게 가르쳐 주는 것도 바로 이렇듯 마음으로부터 솟아나오는 기도입니다.

사막의 영성

마음의 기도

헤서케스틱 기도는 영혼이 하나님과 함께 머물 수 있는 저 안식으로 이끕니다. 그것이 바로 마음의 기도이지요. 너무 지성지향적인 우리에게는 마음으로 드리는 기도 그리고 마음으로부터 우러나오는 기도를 드리는 것이 특별히 중요합니다.

사막의 영성 지도자들이 우리에게 그 길을 보여줄 수 있습니다. 그들이 기도에 관한 어떤 이론을 제공하는 것은 아닐지라도, 그들의 구체적인 이야기와 대화는 나중에 동방 정교회의 영성적인 저자들이 매우 인상적인 영성을 세

우는 데 기초를 제공합니다.

시나이 산과 아토스 산의 영성적인 저자들, 그리고 19 세기 러시아의 영성 지도자들(startsi)은 모두 사막의 전통에 그 닻을 내리고 있습니다.

우리는 러시아의 신비가였던 은둔자 테오판이 한 말 속에서 마음의 기도에 관한 가장 좋은 공식을 발견합니다:

> 기도하는 것은 지성과 함께 마음 속으로 내려가는 것입니다. 그리고 거기서 주님의 얼굴 앞에 서는 것입니다. 여러분 안에 항상 현존하시고, 만물을 바라보고 계시는 바로 그 주님 앞에.[2]

모든 세기를 거쳐오는 동안, 기도에 대한 이러한 견해가 헤서케즘의 중심을 이루어 왔습니다.

기도란 지성과 함께 마음으로 하나님 현존 안에 서는 것입니다; 곧 우리가 존재하는 바로 그 자리, 어떤 구분이나 구별도 없고 전적으로 하나된 바로 그 자리에.

거기서 하나님의 성령이 거하시고, 거기서 위대한 만남

사막의 영성

이 일어납니다. 거기서 마음이 마음에게 이야기를 하지요. 거기서 우리가 우리 안에서 모든 것을 보고 계시는 주님의 얼굴 앞에 서기 때문입니다.

우리가 깨달아야 할 것이 있습니다. 곧 여기서 마음이라는 말은 성서적인 의미를 충분히 담고 사용되고 있다는 사실입니다. 우리의 환경에서 마음이라는 말은 이제 부드러운 말이 되고 말았습니다.

그것은 감상적인 삶의 자리를 뜻합니다. "애끓는"이나 "진심에서 우러난" 같은 표현때문에 우리는 종종 마음을 정서들이 자리한 따뜻한 곳으로 생각하곤 합니다. 우리 생각들이 그 둥지를 틀고 있는 차가운 지성과는 대조적으로.

그러나 유대-그리스도교 전통에서 마음이라는 말은 온갖 신체적·정서적·지성적·의지적·도덕적 에너지들의 근원을 의미합니다.

마음으로부터 의식적인 느낌이나 기분이나 소원뿐만 아니라 알 길 없는 충동도 일어납니다. 마음 역시 이성을 지니고 있습니다. 마음 역시 지각과 이해의 중심입니다. 끝으로, 마음은 의지의 자리입니다: 곧 계획을 짜고 좋은 결

기도

정을 내립니다.

이렇듯 마음은 우리 개인 생활의 중심이고 통합하는 기관입니다. 우리의 마음은 우리의 인격을 결정합니다. 그리하여 우리의 마음은 하나님이 거하시는 곳일 뿐만 아니라 사탄이 자신의 공격을 가장 맹렬하게 가해 오는 곳이기도 합니다.

바로 이런 마음이 기도의 자리입니다. 마음의 기도는 이제 더 이상 자신이 중심이 되지 않고 하나님을 향하여 나아가는 기도입니다. 그래서 우리 인간성 전체에 영향을 끼치게 됩니다.

사막의 영성 지도자들 가운데 한 명인 위대한 마카리우스는 이렇게 말합니다:

> 경기자(곧, 수도사)의 주된 과제는 자기 마음 속으로 들어가는 것입니다.[3]

이 말은 수도사가 자신의 기도를 느낌으로 가득 채우려 해야 한다는 뜻이 아닙니다. 오히려 자신의 기도가 자신의 인격 전체를 개조하고자 노력해야 한다는 뜻입니다.

사막의 영성 지도자들이 터득한 가장 심오한 통찰은 마음 속으로 들어가는 것이야말로 하나님 나라 속으로 들어가는 것이라는 사실입니다. 다른 말로 하면, 하나님께 나아가는 길은 마음을 통해서라는 말입니다.

시리아사람 이사악은 이렇게 쓰고 있습니다:

> 보물 창고로 들어가기 위하여 노력하십시오……그것은 여러분 안에 있습니다. 그리하면 여러분은 하늘의 보물 창고를 발견할 것입니다. 그것들은 하나요 똑같은 것이기 때문입니다. 여러분이 어느 것 하나 속으로 들어가는 데 성공하면, 여러분은 그 둘 다를 볼 것입니다.
>
> 이 하나님 나라에 오르는 사닥다리는 여러분 속에, 여러분의 영혼 속에 숨겨 있습니다. 만일 여러분이 여러분의 영혼을 죄로부터 깨끗이 씻어 낸다면, 여러분은 거기서 여러분이 올라갈 사닥다리의 가로장을 볼 것입니다.[4]

그리고 존 카르파티오스는 이렇게 말합니다:

> 온갖 소란으로부터 자유로운 지성의 상태에 이르기

기도

위해서는 기도하는 데 엄청난 노력과 투쟁이 필요합니다; 그것이 마음 속에 [문자적으로 "심장 안에" (endocardial)] 있는 천국입니다. 그 장소는, 사도 바울이 우리에게 보증한 대로, "그리스도께서 우리 안에 거하시는 곳"(고린도전서 13장 5절)입니다.[5]

사막의 영성 지도자들은 자신들의 말 속에서 기도에 관한 아주 총체적인 견해를 우리에게 가리킵니다. 그들은 자꾸만 지적으로 분석하려 드는 습관들로부터 우리를 멀리 잡아당깁니다. 그런 습관들 속에서 하나님은 우리가 언급해야 할 많은 문제들 가운데 하나가 되고 맙니다.

그들이 우리에게 보여주는 게 무엇입니까? 곧 진정한 기도는 우리 영혼의 정수까지 파고들어가 만지지 못할 것이 아무 것도 없다는 사실입니다. 마음의 기도는 우리가 하나님과 관계를 맺을 때 그저 흥미있는 말이나 경건한 정서에 국한되지 않도록 하는 기도입니다.

바로 그런 본질 때문에, 그러한 기도는 우리의 온 존재를 그리스도로 정확히 변형시킵니다. 그것이 하나님의 진리에 대해서뿐만 아니라 우리 자신의 진리에 대해서까지도 우리 영혼의 눈을 뜨게 하기 때문이지요.

우리의 마음 속에서 우리는 우리 자신이 하나님의 자비
로 품에 푹 안기게 된 죄인들을 보게 됩니다. 바로 이런
비전이 우리를 이렇게 부르짖게 합니다:

> 주 예수 그리스도,
> 살아계신 하나님의 성자이시여,
> 저에게, 이 죄인에게
> 자비를 베풀어 주십시오.

마음의 기도가 우리에게 도전하는 것은 무엇일까요? 그
것은 우리가 하나님 앞에 숨길 게 아무 것도 없으니 스스
로를 그분의 자비에 무조건 내맡기라는 것입니다.

그래서 마음의 기도는 진리의 기도입니다. 그것은 우리
자신과 하나님에 대한 많은 환상을 깨부수고, 우리를 자비
하신 하나님과 죄인이라는 참된 관계 속으로 이끕니다.

이 진리가 우리에게 헤서케스트의 "안식"을 가져다 주는
것입니다. 이 진리가 우리 마음 속에 저절로 닻을 내릴수
록, 우리는 세상적인 생각들 때문에 산만해지는 일이 줄어
들 것입니다. 우리 마음의 주님이시요 우주의 주님이신 그
분께 더욱 더 오롯한 마음으로 다가가게 될 것입니다.

기도

예수께서는 이렇게 말씀하셨습니다:

마음이 깨끗한 사람은 복이 있다.
그들이 하나님을 볼 것이다.

마태복음 5장 8절

이제 이 말씀은 우리 기도 속에서 현실이 됩니다. 유혹과 갈등은 우리가 죽는 날까지 없어지지 않을 것입니다. 그러나 깨끗한 마음으로 우리는 쉼이 없는 실존 한가운데서조차도 쉼을 가득 누리게 될 것입니다.

이것은 바로 그 쉼 없는 사역 속에서 어떻게 마음의 기도를 실천할 수 있겠는지에 대한 문제를 제기합니다. 이제 우리는 바로 이러한 수련에 관한 문제에 우리의 관심을 돌려야 합니다.

사막의 영성

기도와 사역

우리는 수도사도 아니고 사막에서 살고 있지도 않습니다. 그런 우리가 어떻게 마음의 기도를 실천할 수 있을까요? 마음의 기도가 어떻게 우리의 일상 목회나 사역에 영향을 끼치게 할 수 있을까요?

이러한 질문들에 대한 대답은 일정한 수련을 공식화하는 데 있습니다. 그것이 기도의 규칙입니다. 마음의 기도에 관한 세 가지 특징이 있습니다. 그것들이 우리가 이런 수련을 공식화하는 데 도움이 될 수 있습니다:

· 마음의 기도는 짧고 간단한 기도들로 양육됩니다.
· 마음의 기도는 끊임이 없습니다.
· 마음의 기도는 모든 것을 포함합니다.

짧은 기도들로 양육하라

우리의 수다스러운 문화의 맥락에서, 사막의 영성 지도자들이 우리더러 너무 많은 말을 사용하지 말라고 하는 소리를 듣는 것은 의미심장합니다:

> 영성 지도자 마카리우스가 질문을 받았습니다: "사람이 어떻게 기도를 해야 합니까?"
>
> 그 영성 지도자는 말했습니다: "긴 이야기를 할 필요가 전혀 없소; 자기의 손을 뻗쳐 '주님, 주님께서 뜻하시는 대로, 그리고 주님께서 아시는 대로, 자비를 베풀어 주십시오.'라고 말하면 되지. 그리고 만일 갈등이 더 심하게 자라나면, '주님, 도와주십시오.'라고 말하시오. 그분께서는 우리에게 무엇이 필요한지를 아주 잘 알고 계시기에, 그분께서는 우리에게 자신의 자비를 보여 주신다오."[6]

●
사막의 영성

존 클리마쿠스는 한층 더 명백합니다:

여러분은 기도할 때 장식적인 말로 여러분 자신을 표현하려고 애쓰지 마십시오. 흔히 하늘에 계신 우리 성부께서 가장 물리치지 못하시는 것은 바로 한 어린 아이의 단순하고 반복적인 문구이기 때문입니다.

여러분의 지성이 말만 추구하다 경건과 혼돈되지 않도록 말, 말, 말에만 매달리지 마십시오. 세리의 말 한 마디가 하나님의 자비를 얻기에 충분했습니다; 믿음에서 우러난 한 가지 겸허한 요청이 선한 도둑을 구원하기에 충분하였습니다.

기도 중에 말이 많다보면, 종종 지성이 환상에 얽매여 분산되기 마련입니다; 외마디 말이라 할지라도 그 본성상 지성을 구체화하는 경향이 있습니다. 여러분이 기도하다가 어떤 말 속에서 만족이나 양심의 가책을 발견하면, 바로 그 지점에서 멈추십시오.[7]

이것은 우리, 곧 언어적 능력에 지나치게 의존하는 사람들에게 매우 유용한 암시입니다. 외마디 말을 조용히 반복하다 보면, 우리는 지성을 가지고 마음 속으로 내려갈 수 있습니다.

기도

이러한 반복은 주술과 아무런 관련이 없습니다. 그것은
하나님께 마법을 걸거나 그분에게 우리 말을 들어달라고
강요하는 것을 의미하는 게 아닙니다.

이와는 반대로, 우리는 반복된 외마디 말이나 문장을
통하여 집중해서, 중심으로 들어가, 내적인 고요함을 창조
함으로써, 하나님의 음성에 귀기울일 수 있도록 돕는 경우
가 자주 있습니다.

우리가 단순히 고요하게 앉아 하나님께서 우리에게 이
야기하시기를 기다리려 애쓸 때, 우리는 끊임없이 갈등을
일으키는 생각과 사상으로 공격을 당하고 있는 자신의 모
습을 발견합니다.

그러나 우리가 "오 하나님, 오셔서 저를 도와 주십시
오!"나 "주 예수여, 저에게 자비를 베풀어 주십시오!" 같은
아주 간단한 문장, 또는 "주여!"나 "예수여!" 같은 외마디
말을 사용할 때, 많은 혼돈들이 헷갈림 없이 좀더 쉽게 비
껴나가게 할 수 있습니다.

그렇게 간단하고 쉽게 반복된 기도를 드림으로써, 우리
는 서서히 우리의 번잡스런 내면 생활을 몰아내고 우리가

사막의 영성

하나님과 거할 수 있는 고요한 공간을 창조해 낼 수 있습
니다.

그것은 우리가 마음 속으로 내려가 하나님께 올라갈 수
있는 사닥다리같은 것일 수 있습니다. 우리가 어떤 말을
할까 하는 그 선택은 우리의 필요와 그 순간에 처한 상황
들에 달려 있습니다. 그러나 가장 좋은 길은 성경의 말씀
들을 사용하는 것입니다.

우리가 이런 식의 간단한 기도에 충실하고 정기적으로
시간을 내어 실천하면, 우리는 그런 기도를 통하여 서서히
안식을 체험하고 하나님의 활동적인 현존에 스스로를 개방
하게 될 것입니다.

게다가, 우리는 매우 바쁜 일상 속에서도 이런 기도를
드릴 수 있습니다. 예컨대, 우리가 "주님은 나의 목자이십
니다."라는 말로 이른 아침 하나님 앞에서 20분을 보낼
때, 그 말들이 서서히 우리 마음 속에 스스로 둥지를 틀게
될 것입니다. 그리고 나머지 하루 온종일 바쁜 일상을 보
내더라도 거기에 그 말들이 머무르게 될 것입니다.

우리가 이야기하고, 공부하고, 정원을 돌보고, 집을 짓

●
기도

는 동안이라 하더라도, 그 기도는 우리 마음 속에서 계속될 수 있습니다. 우리는 그 기도를 통하여 하나님이 늘 가까이 계셔서 인도해 주시는 것을 언제나 깨닫게 될 것입니다.

그런 수련의 목적은 하나님이 우리의 목자라고 불리시는 의미가 무엇인지를 더 깊이 통찰하게 하는 데 있지 않습니다. 마음의 기도를 수련하는 목적은 우리가 무엇을 생각하거나 말하거나 행동하든지 간에 하나님의 목양적 행위를 내적으로 체험하게 하는 데 있습니다.

끊임없이 하라

마음의 기도에 관한 두 번째 특징은 그것이 끊임이 없다는 것입니다. "끊임없이 기도하라"는 바울의 명령을 어떻게 따를 것인지에 관한 문제는 사막의 영성 지도자들이 활동했던 시대부터 19세기 러시아까지 헤서케즘에서 중심적인 자리를 차지해 왔습니다. 이러한 관심의 예들을 헤서케스틱 전통의 양 극단으로로터 찾아볼 수 있습니다.

사막의 영성 지도자들이 활동했던 기간 동안에, 메쌀리

안들(Messalians)이라 불리는 경건주의적 종파가 있었습니다. 이들은 기도에 대해서 과도하게 영성화된 방식으로 접근하고, 육체 노동은 수도사들에게 비난할 만한 것으로 여긴 사람들이었습니다.

이 종파의 몇몇 수도사들이 영성 지도자 루시우스를 만나러 갔습니다:

그 영성 지도자가 그들에게 물었습니다: "여러분의 육체 노동은 무엇입니까?" 그들이 말했습니다: "우리는 육체 노동에는 손을 대지 않습니다. 그러나 사도 바울이 말한 대로, 우리는 끊임없이 기도합니다."

그가 그들에게 밥을 먹는지 안 먹는지를 묻자, 그들은 먹는다고 대답을 했습니다. 그래서 그 영성 지도자가 그들에게 말하였습니다: "여러분이 먹고 있을 때는, 그렇다면 그 때는 누가 여러분을 위하여 기도합니까?" 다시 그 영성 지도자가 그들에게 잠은 자는지 안 자는지 묻자, 그들은 잔다고 대답하였습니다.

그러자 그 영성 지도자가 그들에게 말했습니다: "여러분이 잠들어 있을 때, 그 때는 그럼 누가 여러분을 위하여 기도합니까?" 그들은 그에게 도무지 대답할 말을 찾을 수가 없었습니다.

기도

그 영성 지도자가 그들에게 말했습니다: "나를 용서하세요. 그러나 여러분은 여러분이 말한 대로 행동하고 있지 않습니다. 내가 육체 노동을 하면서도, 어떻게 방해받지 않고 기도하는지 여러분에게 보여드리겠습니다. 나는 하나님과 함께 앉아, 갈대를 물에 적셔 새끼를 꼬면서, 이렇게 말합니다: '하나님, 저에게 자비를 베풀어 주십시오; 하나님의 선하심 따라 그리고 하나님의 자비하심 따라, 저를 저의 죄에서 구원해 주십시오.'"

이윽고 그 영성 지도자가 그들에게 이것이 기도인지 아닌지 묻자, 그들은 그것도 기도라고 대답하였습니다. 그러자 그가 그들에게 말했습니다: "내가 온종일 일하고 기도하면서, 대체로 돈을 열세 푼 정도 버는데, 그 가운데 두 푼은 문밖에 두고 나머지 돈은 음식을 사는 데 지불합니다. 그 두 푼을 가져가는 사람은 내가 먹고 잘 때 나를 위해서 기도합니다; 따라서, 하나님의 은혜로, 나는 끊임없이 기도하라는 권면을 이루어 냅니다."[8]

이 이야기는 "내가 다른 많은 일로 바쁜데 어떻게 끊임없이 기도할 수 있습니까?"라는 질문에 대하여 매우 실제적인 대답을 제공합니다. 그 대답은 이웃을 포함합니다.

사막의 영성

나의 자비를 통하여 내 이웃은 내 기도의 파트너가 되고,
그렇게 함으로써 쉬지 않고 기도할 수 있게 됩니다.

19세기에, 메쌀리안들과의 관계가 없었을 때, 좀더 신
비적인 응답이 주어졌습니다. 우리는 그것을 〈순례자의
길〉(*The Way of the Pilgrim*)이라 불리는 러시아 농부에
관한 유명한 이야기 속에서 발견합니다.

그것은 다음과 같은 말로 시작됩니다:

> 하나님의 은혜를 생각하면 나는 그리스도인이나, 나
> 의 행동을 생각하면 나는 엄청난 죄인입니다……성령
> 강림절 스물네 번째 주일에 나는 예배에 참석해 거기
> 서 기도를 드리기 위하여 교회로 갔습니다.
> 사도 바울이 데살로니가인들에게 보낸 첫번째 편지
> 가 봉독되고 있었습니다. 그 가운데 내가 들었던 말은
> 이것입니다— '끊임없이 기도하라'[데살로니가전서 5장
> 17절].
> 바로 이 본문이, 다른 어떤 것보다도, 내 지성의 주
> 의를 집중시켰습니다. 그리고 나는 어떻게 끊임없이
> 기도할 수 있을까 생각하기 시작했습니다. 사람이 살
> 다보면, 신경을 써야 할 것이 한두 가지가 아닌

기도

데······.[9]

　농부는 이 교회 저 교회 돌아다니며 많은 설교를 들었습니다. 그러나 자기가 바라는 대답은 얻지를 못하였습니다. 마침내 그는 한 거룩한 영성 지도자(*staretz*)를 만나게 되었는데 이런 이야기를 듣게 되었습니다:

　　끊임없이 내적 기도를 기드리고자 하는 것은 하나님을 향한 인간 정신의 지속적인 열망입니다. 이렇듯 위로가 되는 실천에 성공하기 위해서는 우리가 좀더 자주 하나님께 끊임없이 기도드릴 수 있는 방법을 가르쳐 주시라고 기도하지 않으면 안 됩니다.
　　더 기도하세요. 그리고 더 열렬하게 기도하세요. 바로 그 기도 자체가 어떻게 그것이 끊임없이 이루어질 수 있는지 당신에게 알려줄 것입니다; 그러나 그것은 어느 정도 시간이 걸릴 것입니다.[10]

　그리고 나서 그 거룩한 영성 지도자는 농부에게 다음과 같은 예수 기도(Jesus Prayer)를 가르쳐 주었습니다:

　　주 예수 그리스도여,
　　저희에게 자비를 베풀어 주십시오.

사막의 영성

순례자로서 러시아를 죽 여행하는 동안, 농부는 이 기도를 자기 입술로 수천 번도 더 반복합니다. 그는 예수 기도를 자기의 참 동반자라고까지 여깁니다. 그러다 어느 날 문득, 그는 그 기도가 자기도 모르는 사이에 자신의 입술에서 자신의 마음으로 옮겨지는 느낌을 갖습니다.

다음은 그가 한 말입니다:

> ……끊임없이 고동치고 있던 내 마음이 마치 맥박이 뛸 때마다 그 안에서 예수 기도에 관한 말들을 하기 시작하는 것 같았어요……나는 내 입술로 예수 기도를 드리는 걸 포기해 버렸지요. 단지 내 마음이 뭐라고 말하는지에 대해서 조심스럽게 듣고만 있었습니다.[11]

여기서 우리는 끊임없는 기도에 이르는 또다른 방법을 배웁니다. 기도는 내가 다른 이들과 이야기를 나누거나 육체 노동에 집중할 때조차도 내 안에서 계속해서 드려집니다. 기도는 내 인생 여정 동안 나를 이끄시는 하나님의 성령께서 적극적으로 임재하시는 채널이 되었습니다.

그리하여 우리는, 자비를 통하여 그리고 우리 마음 속에서 예수 기도를 활발하게 드림으로써, 어떻게 온종일 지속적인 기도를 드릴 수 있게 되는지를 알게 됩니다.

내가 지금 제안하고 있는 것은 우리가 수도사 루시우스나 러시아 순례자를 흉내내야 한다는 게 아닙니다. 정말 내가 제안하고 싶은 것은 우리도 우리의 바쁜 목회와 사역 안에서 끊임없이 기도하는 데 관심을 가짐으로써, 먹든지 마시든지 무얼 하든지 간에 하나님의 영광을 위하여 해야 한다는 말입니다(고린도전서 10장 31절을 보십시오).

하나님의 영광을 위하여 사랑하고 일하는 것이 우리에게 가끔씩 생각나는 하나의 관념으로만 남아 있을 수는 없습니다. 그것은 내면의 끊임없는 영광송이 되어야 합니다.

모든 것을 포함하라

마음의 기도에 관한 마지막 특징은 그것이 우리의 모든 관심사를 포함한다는 것입니다. 우리가 우리의 지성을 가지고 우리 마음 속으로 들어가 거기서 하나님의 현존 안에 서게 되면, 그 때 우리의 정신적 성향들은 모두 기도가 됩니다. 마음의 기도가 지닌 힘은 정확히 말해서 그것을 통하여 우리 지성에 있는 모든 것이 기도가 된다는 데 있습니다.

　우리가 사람들에게 "내가 당신을 위해 기도하겠습니다."
라고 말할 때, 우리는 매우 중요한 서약을 맺습니다. 슬픈
일은 이런 말이 흔히 선의에서 나온 관심의 표현 정도로만
남는다는 사실입니다.

　그러나 우리가 지성을 가지고 우리 마음 속으로 내려가
는 법을 배우면, 그 때 우리 삶의 일부가 된 이들은 모두
하나님의 치유하시는 현존 속으로 나아와 우리 존재의 중
심에서 그분을 접하게 됩니다.

　우리는 지금 여기서 말로는 다 표현할 수 없는 하나의
신비에 대해서 이야기하고 있습니다. 우리 존재의 중심인
마음이 하나님에 따라 그분 자신의 마음 속으로, 곧 온 우
주를 감싸안을 만큼 충분히 큰 마음 속으로 변형된다는 것
은 진정 신비입니다.

　기도를 통하여 우리는 모든 인간의 고통과 슬픔, 모든
갈등과 고뇌, 모든 고문과 전쟁, 모든 굶주림과 외로움과
비참함을 우리 마음 속에 끌어안고 갑니다. 그것은 어떤
커다란 심리적이거나 정서적인 능력 때문이 아니라, 하나

님의 마음이 우리의 마음과 하나가 되었기 때문입니다.

　여기서 우리는 예수님이 왜 다음과 같이 말씀하셨는지 그 의미를 깨닫게 됩니다:

나는 마음이 온유하고 겸손하니,
내 멍에를 메고 내게 배워라.
그러면 너희는 마음에 쉼을 얻을 것이다.
그렇다. 내 멍에는 편하고,
내 짐은 가볍다.

마태복음 11장 29-30절

　예수께서는 우리에게 자신의 짐을 받아들이라고 초청하십니다. 그것은 온 세상의 짐이요, 모든 시간과 장소에서 겪고 있는 인간의 고난을 포함하는 짐입니다. 그러나 이 신적인 짐은 가볍습니다. 그리고 우리 마음이 우리 주님의 온유하고 겸손한 마음 속으로 변형되었을 때, 우리가 그 짐을 지고 갈 수 있습니다.

　여기서 우리는 기도와 목회 그리고 기도와 사역 사이의 친밀한 관계를 알 수 있습니다. 고투하고 있는 우리 회중들을 모두 하나님의 온유하고 겸손한 마음 속으로 이끄는

사막의 영성

수련은 목회나 사역 수련이면서 동시에 기도 수련이기도
합니다.

목회나 사역이 단지 우리가 사람들이나 그들의 문제에
대해서 많이 걱정해 주는 것만을 의미하는 한, 그리고 목
회나 사역이 우리가 거의 조절할 수 없는 끝없는 활동들을
의미하는 한, 우리는 여전히 우리 자신의 좁고 불안한 마
음에 너무 많이 좌우되고 있는 셈입니다.

그러나 우리의 염려들이 하나님의 마음 속으로 이끌려
져 거기서 기도가 된다면, 그 때 사역과 기도는 똑같이 모
든 것을 품으시는 하나님의 사랑을 표명하는 두 가지 요소
가 됩니다.

우리는 어떻게 해서 마음의 기도가 짧은 기도들을 통하
여 양육되며, 끊임없고, 포괄적인지를 알아보았습니다. 이
세 가지 특징은 마음의 기도가 어떻게 영성 생활과 모든
목회나 사역의 숨결이 되는지를 보여 줍니다.

진실로, 이 기도는 중요한 활동일 뿐만 아니라, 우리가
대변하고 싶고 우리 회중들에게 소개해 주고싶은 새 생활
의 바로 그 중심이기도 합니다.

기도

마음의 기도가 개인적인 수련을 필요로 한다는 것은 그 기도의 특징들로부터 분명히 드러납니다. 기도로 충만한 삶을 살려면 우리는 구체적인 기도를 드리지 않으면 안 됩니다.

우리는 우리 안에서 기도하시는 성령님께 더 잘 귀기울일 수 있는 그런 방식으로 그 기도들을 드릴 필요가 있습니다. 우리는 우리와 함께 살고 있는 모든 사람들을 우리의 기도 안에 계속해서 포함시킬 필요가 있습니다.

우리는 이런 수련을 통하여 산만하게 하고 단편적이며 종종 좌절을 가져다주는 목회나 사역에서 통합시키고 통전적이며 매우 만족을 가져다주는 목회나 사역으로 나아갈 수 있도록 도움을 받을 수 있습니다.

목회나 사역은 이런 수련을 거쳐 쉬어지는 게 아니라, 좀더 단순해질 것입니다; 목회나 사역은 이런 수련을 거쳐 달콤해지거나 경건한 척해지는 게 아니라, 좀더 영성적인 모습을 띄게 될 것입니다; 목회나 사역은 이런 수련을 거쳐 고통이나 투쟁이 없는 상태가 되는 게 아니라 진정한 헤서케스틱 의미에서 좀더 충분한 안식을 누리게 해줄 것입니다.

사막의 영성

닫는 말

우리가 살고 있는 지성지향적 세상에서, 우리에게는 마음의 기도에 이를 수 있는 진지한 수련이 필요할 것입니다. 그런 기도 속에서 우리는 우리 안에서 기도하고 계시는 그분의 인도하심에 귀를 기울일 수 있습니다.

목회나 사역에서 기도를 크게 강조하는 것이 사람들과 덜 어울리거나 숱한 투쟁 속에 놓여 있는 우리 사회에 끼어들지 않고 모른 체하려는 데 그 뜻이 있는 게 아닙니다.

기도

헤서케스트들이 기도를 어떻게 이해했는지를 살펴보면, 우리는 우리의 목회나 사역 활동들 가운데서 어느 것이 진정으로 하나님의 영광을 위한 것인지 그리고 어느 것이 주로 우리의 변화 없는 자아의 영광을 위한 것인지를 식별하는 데 도움을 얻을 수 있습니다.

우리는 마음의 기도를 통하여 우리의 목회나 사역에서 밀로부터 쭉정이를 가려냄으로써 예수 그리스도의 훨씬 덜 모호한 증인이 될 수 있는 새로운 감수성을 제공받습니다.

마음의 기도는 진실로 우리에게 우리 존재의 현실을 바라볼 눈을 제공해 주는 마음의 순수성에 이르는 길입니다. 이러한 마음의 순수성을 통하여 우리는 우리 자신의 궁핍하고 일그러지고 불안한 자기뿐만 아니라 공감어린 우리 하나님의 돌보시는 얼굴까지도 좀더 명확히 볼 수 있습니다.

그런 비전이 분명하고 뚜렷하게 남아 있을 때, 그것은 편안한 마음을 가지고 소란한 세상 한가운데로 나아갈 수 있을 것입니다. 삶의 여정 속에서 자신들의 길을 찾기 위해 애쓰고 있는 이들을 매혹시킬 수 있는 것이 바로 이 편안한 마음입니다.

사막의 영성

우리가 하나님 안에서 우리의 안식을 발견했을 때 우리
가 할 수 있는 건 오직 섬기는 일뿐입니다. 하나님의 안식
은 우리가 어디를 가든지 우리가 누구를 만나든지 눈으로
볼 수 있을 것입니다.

그리고 우리가 어떤 말도 하기 전에, 우리 안에서 기도
하고 계시는 하나님의 성령께서 자신의 현존을 알게 하시
고 사람들을 새로운 몸, 곧 그리스도 자신의 몸 속으로 모
으실 것입니다.

기도

우리가 어떻게 이 종말론적 상황에서 목회나
사역을 할 수 있겠는가?

나오는 말

우리가 이런 식으로 사막의 영성에 비추어 현대의 목회나 사역을 탐구하기 시작했을 때, 문제는 "우리가 어떻게 이 종말론적 상황에서 목회나 사역을 할 수 있겠는가?" 하는 것이었습니다. 승자가 따로 없는 전쟁에 대한 공포가 점점 커가고 무력감마저 증대되고 있는 이 역사의 한 시점에서, 목회나 사역의 문제는 매우 절박합니다.

이 질문에 대한 답변으로서, 나는 다음과 같은 말들을 제시했습니다:

세상을 떠나라!
침묵하라!
늘 기도하라!

이것은 하나님께 어떻게 해야 구원을 받을 수 있는지를
여쭈었던 로마의 귀족 아르세니우스가 들었던 말들입니다.

고독, 침묵, 그리고 끊임없는 기도는 사막의 영성에 대
한 핵심적인 개념을 형성합니다. 나는 그것들이 그리스도
교의 새로운 천년을 맞이한 우리 목회자나 사역자들에게
커다란 가치가 있다고 생각합니다.

고독은 우리의 행위가 세상의 갖가지 강박증들에 따라
이루어지는 게 아니라 우리의 새로운 지성, 곧 그리스도의
지성에 따라 이루어지게 하는 방법을 우리에게 보여줍니
다. 침묵은 우리가 우리의 말많은 세상에 질식되는 것을
막고 하나님의 말씀을 이야기하는 방법을 우리에게 가르쳐
줍니다.

마지막으로, 끊임없는 기도는 고독과 침묵에게 그것들
의 진정한 의미를 부여해 줍니다. 끊임없는 기도 속에서,
우리는 지성과 함께 마음 속으로 내려갑니다. 그리하여 우

리는 우리 마음을 통하여 영원히 창조적이고 재창조적인 사랑을 가지고 온 역사를 품고 계시는 하나님의 마음 속으로 들어갑니다.

그러나 이러한 사막의 영성이 우리 시대의 잔혹한 현실들에 대하여 눈을 감게 하지는 않을까요? 아닙니다. 오히려 그 반대로, 우리는 고독과 침묵과 기도를 통하여 난파선 같은 자기파괴적 사회로부터 우리 자신과 다른 이들을 구원할 수 있습니다.

유혹은 미친 이들과 함께 덩달아 미쳐서 주변을 설치고 다니며 큰소리를 치고 비명을 꽥꽥 질러대며 만나는 사람마다 어디로 가라, 무엇을 해라, 어떻게 행동해라 하는 식으로 말하는 것입니다. 유혹은 마지막 날들에 대한 고뇌와 황홀경에 너무 빠지게 되어 우리가 구원하려고 애써야 할 이들과 함께 덩달아 빠져 죽게 될 수도 있다는 것입니다.

예수께서는 친히 우리에게 이렇게 경고하셨습니다:

누구에게도 속지 않도록 조심하여라. 많은 사람이 내 이름으로 와서는 '내가 그리스도다' 하면서, 많은 사람을 속일 것이다. 또 너희는 여기저기서 전쟁이 일

165

나오는 말

어난 소식과 전쟁이 일어나리라는 소문을 들을 것이
다. 너희는 당황하지 않도록 주의하여라. 이런 일이
반드시 일어나야 한다. 그러나 아직 끝은 아니다. 민
족이 민족을 거슬러 일어나고, 나라가 나라를 거슬러
일어날 것이며, 곳곳에 기근과 지진이 있을 것이
다……또 많은 사람이 걸려 넘어질 것이요, 서로 넘겨
주고 서로 미워할 것이다. 또 거짓 예언자들이 많이
일어나서, 많은 사람을 홀릴 것이다. 그리고 불법이
성하여, 많은 사람의 사랑이 식을 것이다. 그러나 끝
까지 견디는 사람은 구원을 받을 것이다. 이 하늘 나
라의 복음이 온 세상에 전파되어서, 모든 민족들에게
증언될 것이며, 그 때에야 끝이 올 것이다.

마태복음 24장 4-14절

예수님이 하신 이 말씀은 매우 인상적인 타당성을 지니
고 있습니다. 끝까지 굳게 서서, 온 세상에 기쁜 소식을
선포하고, 무덤에서 승리를 거둠으로써 부활하신 그분을
꼭 붙잡는 것은 우리의 커다란 과제입니다.

무질서한 시대의 맹렬한 급류 속에서 우리가 시야에서
빛을 놓치지 않고 스스로 어둠 속에 휘말려 들지 않는다는
것은 무척 어렵습니다. 권력이나 지위들이 오늘의 흔들리

사막의 영성

는 정치경제적 상황 속에서 자신들의 현존을 드러내고 있습니다. 뿐만 아니라 그것들은 우리 삶의 가장 밀접한 장소에서 자신들의 파괴적 현존을 내보이고 있습니다.

갖가지 관계들 속에서 우리의 신실함이 심각하게 시험을 받고 있습니다. 그리고 우리의 내적인 소속감도 번번히 의심을 받고 있습니다. 우리의 분노와 탐욕은 더해진 열정과 함께 그 힘을 드러내고 있습니다. 그리고 순간의 절망적 쾌락주의에 탐닉하려는 우리의 욕망은 그 어느 때보다 더 강하다는 것을 입증하고 있습니다.

그렇습니다. 위험들이 매우 현실적입니다. 우리가 "보아라, 그리스도가 여기 있다" 혹은 "아니, 여기 있다"(마태복음 24장 23절)라고 외치는 거짓 예언자들이 될 가능성이 없는 게 아닙니다. 우리가 우리 자신이 만들어낸 확신을 가지고 사람들을 속일 가능성이 없는 게 아닙니다. 그리고 다른 이들의 사랑뿐만 아니라 우리 자신의 사랑까지도 차갑게 만들 가능성이 없는 게 아닙니다.

우리의 강박적이고 말많고 지성지향적인 세상이 우리를 꽉 붙잡고 있습니다. 그래서 우리에게는 그것에 꽉 잡혀 죽지 않을 아주 강하고 지속적인 수련이 필요합니다.

나오는 말

사막의 영성 지도자들은 자신들의 고독과 침묵과 끊임 없는 기도를 통하여 그 길을 우리에게 보여줍니다. 우리는 이런 수련들을 통하여 굳게 서서, 구원의 말씀을 전하고, 희망과 용기와 확신 속에 새 천년을 맞이하는 법을 배우게 될 것입니다.

우리가 고독과 침묵과 기도를 통하여 그리스도의 산 증인으로 변화를 거듭해 왔을 때, 우리는 우리가 올곧은 것을 말하고 있는지 또는 올곧은 몸짓을 하고 있는지에 대해서 더 이상 염려할 필요가 없을 것입니다. 그렇다면 그리스도께서 우리가 그것을 알아채지 못했을 때조차도 자신의 현존을 알려주실 것이기 때문입니다.

이제 나는 사막 이야기를 하나 더 함으로써 결론을 맺고자 합니다:

세 영성 지도자들이 해마다 성 안토니를 찾아뵙곤 했습니다. 그 가운데 두 명은 자신들의 생각과 자신들의 영혼의 구원을 그와 함께 논의하곤 했습니다. 그러나 세 번째 사람은 늘 침묵을 지키고 아무 것도 그에게 묻지 않았습니다.

오랜 시간이 지나, 영성 지도자 안토니가 그에게 물

어 보았습니다: "당신은 종종 나를 만나러 여기 오면서도, 나한테 통 아무 것도 묻지 않는구려." 그러자 그가 대답했습니다: "스승님, 저는 스승님을 뵙는 것만으로도 충분합니다."[1]

이것은 이 책을 끝내는 데 딱 어울리는 이야기입니다. 사람들이 우리를 보기만 해도 그게 진정 목회요 그게 진정 사역이라고 느끼는 바로 그 순간, 이와 같은 말들은 더 이상 필요가 없게 될 것입니다.

나오는 말

주

들어가는 말

1. Benedicta Ward 옮김, *The Sayings of the Desret Fathers* (London & Oxford: Mowbrays, 1975), 8쪽.

고독

1. Thomas Merton, *The Wisdom of the Desert* (New Yord: New Directions Publishing Corp., 1960), 3쪽.

2. Benedicta Ward 옮김, *The Sayings of the Desert Fathers* (London & Oxford: Mowbrays, 1975), 61쪽.

3. 앞의 책, 2쪽.

4. 앞의 책, 2-5쪽.

5. 앞의 책, 120-21쪽.

6. 앞의 책

7. 앞의 책, 117쪽.

8. 앞의 책, 23쪽.

9. 앞의 책, 24-25쪽.

10. Merton, *Wisdom of the Desert*, 23쪽.

11. Ward, *Sayings of the Desert Fathers*, 6쪽.

사막의 영성

침묵

1. James O. Hannay, *The Wisdom of the Desert* (London: Methuen, 1904), 206쪽.

2. Benedicta Ward 옮김, *The Sayings of the Desert Fathers* (London & Oxford: Mowbrays, 1975), 69쪽.

3. Thomas Merton, *The Way of Chuang Tzu* (New York: New Directions, 1965), 154쪽.

4. Ward, *The Sayings of the Desert Fathers*, 198쪽.

5. Hannay, *Wisdom of the Desert*, 205쪽.

6. Diadochus of Photiki, "On Spiritual Knowledge and Discrimination: One Hundred Texts." St. Nikodimos of the Holy Mountain와 St. Makarios of Corinth가 편집하고 G.E.H. Palmer, Phillip Sherrard, Kallistos Ware가 편역한 *The Philokalia*, vol. 1 (London & Boston: Faber & Faber. 1979), 276쪽.

7. Hannay, *Wisdom of the Desert*, 205-206쪽.

8. Vincent van Gogh, *The Complete Letters of Vincent van Gogh* (Greenwich, Connecticut: New York Graphic Society, 1959), vol. 1, 197쪽.

9. Ward, *The Sayings of the Desert Fathers*, 143쪽.

10. Jean Bremond, *Les Pères Du Désert*, vol. 2 (Paris: Libraire Victor Lecoffre, 1927), 371쪽.

기도

1. Benedicta Ward 옮김, *The Sayings of the Desert*

Fathers (London & Oxford: Mowbrays, 1975), 71쪽.

2. Timothy Ware 엮음, *The Art of Prayer: An Orthodox Anthology* (London: Faber & Faber, 1966), 110쪽.

3. Macarius the Great. Irenée Hausherr, *The Name of Jesus*, Charles Cummings 옮김 (Kalamazoo, MI: Cistercian Publications, Inc. 1978), 314쪽에서 인용.

4. 앞의 책

5. John Carpathios. Hausherr, *The Name of Jesus*, 314쪽에서 인용.

6. Ward, *The Sayings of the Desert Fathers*, 111쪽.

7. John Climacus. Hausherr, *The Name of Jesus*, 286쪽에서 인용.

8. Ward, *The Sayings of the Desert Fathers*, 102쪽.

9. R. M. French 옮김, *The Way of the Pilgrim* (New York: The Seabury Press, 1965), 1쪽.

10. 앞의 책, 2-3쪽.

11. 앞의 책, 19-20쪽.

나오는 말

1. Benedicta Ward 옮김, *The Sayings of the Desert Fathers* (London & Oxford: Mowbrays, 1975), 6쪽.

●

사막의 영성

옮긴이의 말

현대 사회는 물질 문명과 세속화 속에서 영성의 위기를 맞이하고 있습니다. 현대인들은 혼자 고요하게 기도하면서 하나님과 교제를 나누는 일을 귀찮아 합니다. 바쁘고 시끄럽고 따분한 일상 속에서 영성 수련은 찾아볼 길이 없습니다.

목회자나 사역자도 이런 위기에서 자유롭지 못합니다. 세상의 성공지상주의가 교회 안까지 스며들어, 숫자와 예산이 모든 대화의 초점이 되고 있습니다. 누구를 위한 목회요 무엇을 위한 사역인지 그 본질을 잃어 버린 채, 오늘도 한쪽에선 일중독으로 자신을 포장하고 다른 한쪽에선 한없는 열등감으로 스스로를 옥죄고 있습니다.

말말말로 끝나 버리는 메마른 설교, 직업적이고 의무적인 새벽기도, 별로 중요하지도 않은 일에 매달려 하루가 어떻게 지났는지도 모르는 새까만 스케줄, 배는 나오고 숨은 헉헉거리고 자꾸만 피곤이 몰려드는 건강의 적신호, 세미나니 워크숍이니 프로그램이니 숱한 정보의 늪에 빠져 허우적거리는 영혼의 탈진…….

그 어디에도 자기 스스로의 지성소가 없습니다. 이런 식으로는 결코 목회와 사역 현장에서 만나는 사람들을 지성소로 불러모을 수 없는 법입니다. 홀로 하나님 앞에 무릎을 꿇고 자신의 영혼을 거룩한 말씀의 빛 가운데 성찰할 수 있어야 합니다. 날마다 기도와 묵상과 성경을 통하여 하나님께 나아가는 마음의 길을 마련할 수 있어야 합니다. 바로 그곳이 오늘 우리의 영성이 살아움직이는 성스러움의 자리, 곧 나의 사막입니다.

상처입은 치유자 헨리 나웬은 이 사막의 영성이야말로 오늘 우리 모든 목회자와 사역자들이 회복해야 할 삶의 과제라고 말합니다. 그는 4세기부터 5세기에 이르기까지 이

사막의 영성

집트·시리아·팔레스타인 등지의 사막에서 완전에 이르는 길을 탐구하였던 수도사들의 고독과 침묵과 끊임없는 기도를 통하여, 오늘 우리가 본받아야 할 영성의 덕목들을 섬세하게 내보이고 있습니다.

사실, 예수님도 그 사역의 초창기부터 공생애 과정을 거쳐 생의 절정에 이르시기까지 이런 사막의 영성을 실천하셨던 분입니다. 그 바쁘신 와중에도 날마다 시간과 장소를 성별하여 성부 하나님과 독대하셨던 성자 예수 그리스도의 영성 생활은 현대 사회의 한복판에서 우리가 어떻게 사막의 영성을 경험할 수 있겠는지 그 대안적 지혜를 나누고 있는 헨리 나웬의 통찰과 맥락을 같이합니다.

아무쪼록 우리 시대 영성의 거목이라 할 수 있는 헨리 나웬이 현대 사회를 향해 심혈을 기울여 쓴 이 책 〈사막의 영성〉을 가슴에 품고 여러분도 여러분의 삶의 자리 그 한가운데서 사막의 영성을 창조적으로 체험하실 수 있기를 바랍니다.

현대 사회의 사막 한가운데서

옮긴이

●
옮긴이의 말

헨리 나웬●지은이
현대 영성신학과 영성실천의 모본으로서, 오늘도 전세계적으로 존경을 받는 헨리 나웬은 평생동안 40권 이상의 베스트셀러를 쓴 영성의 대가입니다. 특히 이 책 〈사막의 영성〉은 현재까지 22판이 인쇄되었으며, 전세계 40만명의 독자의 목마른 영혼에 지금도 심오한 영성의 불을 당기고 있습니다. 헨리 나웬은 노틀담대학교, 예일대학교, 하버드대학교에서 교수생활을 하기도 한 뛰어난 신학자였지만, 그 좋은 자리를 다 포기하고 낮은 곳으로 내려갔습니다. 1986년부터 1996년 9월 죽기까지, 헨리 나웬은 캐나다 토론토에 있는 라르쉬새벽공동체를 일구고 섬기면서, 정신 장애우들과 영생을 함께 나누었습니다. 마더 테레사 여사와 함께 세계 역사에 길이 남을 헨리 나웬의 실천적인 영성 생활은 지금까지도 우리 모두에게 많은 감동과 여운을 남겨 주고 있습니다.

신현복●옮긴이
신현복은 한신대학교와 동 대학원을 졸업하고 뉴욕신학대학원에서 박사과정을 밟고 있습니다. 지은 책으로는 〈내 마음의 그림자〉〈목마른 사슴의 노래〉 등이 있으며, 옮긴 책으로는 〈고독의 영성〉〈침묵의 영성〉 등이 있습니다.

사막의 영성

지 은 이 헨리 나웬
옮 긴 이 신현복
펴 낸 날 2002년 9월 1일(초판1쇄)
         2003년 12월 31일(초판2쇄)
펴 낸 이 길청자
펴 낸 곳 아침영성지도연구원
등 록 일 1999년 1월 7일(제7호)

"치유와 돌봄이 있는 희망의 선교동산" 아침영성지도연구원은 그리스도의 사랑과 희망 안에서 상처입은 이들의 영혼의 친구가 되어 온 세상에 영혼의 치유와 영혼의 돌봄 사역을 감당하고자 세워진 공동체입니다. 아침영성지도연구원은 주님이 오실 때까지 여러분과 함께 이 사역을 계속하고자 합니다.